JN237358

ストーリーで学ぶ

戦略思考入門

仕事にすぐ活かせる10のフレームワーク

グロービス経営大学院 著
荒木博行 執筆

ダイヤモンド社

はじめに

突然ですが、皆さんはバッティングセンターに行ったことはあるでしょうか？

筆者は、野球少年だった頃は、バッティングセンターに通いつめたものです。来たボールを打つという単純な行為なのですが、きれいに打ち返したときの手ごたえや、今まで打てなかったスピードのボールや変化球などに対応できたときなどの気持ちよさは言葉にしがたいものがあります。

さて、なぜ冒頭からバッティングセンターの話をするかというと、私たち（特にミドルリーダー）の仕事も、時としてバッティングセンターにいるような状態に陥るからです。

来る日も来る日もひたすら出てくる球を打ち返すことに集中する……。

一見、退屈のように見えて、変化球やスピードボールなども交じってくるため、それなりに刺激もあり、そして達成感もあります。気づけば自分がどれだけバッティングセンターにいるのかも忘れて、ひたすらバットにボールを当てることに集中しています。

実は、バッティングという行為には、ある特徴があります。それは、極端に視野が狭くなるということです。ボールの出所を見極め、球筋を読む。後は体が動くのに任せるだけです。それ以外の外の世界はまったく関係ありませんし、まわりを気にしていたらそれこそよいバッティングはできません。

我々ビジネスパーソンも、ややもすると似たような状況に陥ります。降ってきた仕事をこなすことについては、あまり視野の広がりは問われません。誰がどんな指示を出しているのか、いつまでに仕上げればいいのか、どのようなアウトプットを期待されているのか、たいていはそれくらいのことを押さえれば仕事は進められます。そして、多くの仕事を抱えているミドルマネジャーとしては、余計なことは考えずに、ひたすらこれらをこなすことに集中していたほうがいいのです。

しかし、いくらバッティングがうまくなったところで、それはいつまで評価されるのでしょうか？　急なルール変更はないでしょうか？　あるいは、野球人気がすたれ、サッカーのほうが人気が高くなったとしたら？

「突然のルール変更」や「サッカーの流行」などはもちろん比喩ですが、私たちの身のまわりの世界でもこのようなことは日常茶飯事のように起きています。「今までのスキルセットがまったく活かせない新たな職場への急な異動」「ＩＴの進化による営業スタイルの大幅変更」「海外企業の突然の参入による既存の商習慣の消失」……。

漠然とは気づいていたものの、目の前のボールを打ち返すことに必死になっていて、ふと我に返ったときには究極の選択を迫られるということは、我が身においてもありえない話ではありません。

ではどうすればいいのでしょうか？

単に問題意識を持っているだけではだめです。バッティングセンターでのテクニックではなく「視野を広げ、そして新たに視野に入ったものに対してなぜそうなっているのか、そしてそのなかで自分はどうすべきなのかを考える」という訓練をしなくてはなりません。より大きな視野でビジネス全体を考え、深めていく「戦略思考」のスキルが必要なのです。

「戦略論」や「戦略思考」という領域については、すでに世の中に数多の書籍が存在します。そのなかで、筆者が本書を書くに当たり最も意識したのは、「経営者になったときに役立つかもしれない」といった、どこか距離感のある書籍にはしないということです。

そうではなく、「戦略」や「マネジメント」といったキーワードが現時点では遠い人に対しても、その意味や意義を感じていただき、すぐに実践で使っていただけるような視点やヒントを提供しようと考えました。

筆者はグロービス経営大学院や企業研修において、年間数百人のビジネスパーソンを相手に、約10年間、戦略思考に関する議論を重ねてきました。彼らのなかには本当の経営者の方もいましたが、多くの方は、まだ経営者ではないミドルリーダーです。

彼らと接する過程において、私自身は「ミドルリーダーにこそ、戦略思考は必要だ」と強く感じるようになりました。視野を広げて深く考えるというスキルの習得は、一朝一夕では身につくものではなく、長い期間を要するものだからです。

本書では視野を広げるためのツールとしていくつかの「フレームワーク」を紹介しますが、そうした知識を表層的に知っていても、いざというときにはほとんど役には立ちません。それを現場で使いこなし、自分のなかで習熟を高めていかないと本番では生きてこないのです。

たとえば、3C（市場・競合・自社）という言葉を知っていたところで、その場しのぎのことは言えるかもしれませんが、多くのメンバーを巻き込みながら新しいチャレンジをしていくような動きにはつなげられません。本気で実践で使うのであれば、言葉を理解すること以上に、実際の現場でどういうポイントを外してはいけないのか、実際の現場で深めるべきところはどこなのかといった実践的な知恵を理解し、習熟を重ねておくことが必須です。

本書は、そういう意味において、ミドルリーダーの方がこれから「戦略思考の習熟」という長い旅を開始するためのきっかけとなる書籍を目指しています。

本書の構成

本書では、各章、単にさまざまな戦略論を解説するのではなく、「ミドルリーダーが直面する苦難のストーリー」を皮切りに、戦略論のエッセンスや実践上での知恵をご紹介し、そして最終的にそのミドルリーダーが何をすべきだったのかという解説でまとめる構成を取っています。

皆さんもここに登場するミドルリーダーに自分の姿を重ね合わせながら一読されると学びが深まると思います。

本書は全3部構成としております。

第Ⅰ部では、まずは自分たちの企業や組織がどのような状況にいるのかを正しく分析するための視点を深く学ぶことを中心にしています。そこでは、「3C分析」「5つの力」そして「バリューチェーン分析」という代表的なツールをご紹介しています。言葉だけは知っている人でも、それを真に有効活用できている人は少ないツールばかりです。

第Ⅱ部では、分析を踏まえて、どのような方向性で戦うかを考えるための視点を深く理解します。具体的には、マイケル・ポーターが定義した「3つの基本戦略」に基づき、コストリーダーシップ戦略、差別化戦略、そして集中戦略の3つについて議論していきます。これも有名ではありますが、深く実務と絡めて理解されている方は多くはありません。

第Ⅲ部では、第Ⅰ部、第Ⅱ部には入りきらなかった戦略の概念を4つご紹介しています。具体的には、「イノベーションのジレンマ」「プロダクト・ライフサイクル」「プロダクト・ポートフォリオ・マトリクス」そして「PDCA」です。網羅感には欠ける印象を受けられる方もいるかと思いますが、

第Ⅱ部までとの接続感を踏まえて考えると、また違った風景が見えてくるはずです。

なお、本書は、グロービス経営大学院や企業研修の際にお会いしたミドルリーダーの方々との接点を通じてできあがりました。ここで紹介しているストーリーの多くは、かなり脚色を加えていますが、私がクラスの現場で接したミドルリーダーの方々に披露していただいた現場での出来事をヒントにしています。

また、筆者自身、グロービス経営大学院やグロービスの法人研修で教えると同時に、「ミドルリーダー」として、自分の組織を抱えながら「経営大学院自体をよりよいものにしていく」戦略を考える立場でもあります。

過去の戦略の大家たちが何を語ってきたかを紹介するにとどまらず、筆者自身ミドルリーダーとして実践してきたことを織り交ぜることでリアリティを追求したつもりです。

では、本書が、1人でも多くの現場で苦悩するミドルリーダーにとってお役に立てることを願いつつ、章を進めていきたいと思います。

荒木博行

ストーリーで学ぶ戦略思考入門　目次

第2章 業界の構造を読み解く ——5つの力分析

第3章　顧客にとっての「価値の流れ」を設計する——バリューチェーン分析

第Ⅱ部 戦略の「パターン」を理解する

第4章 意味のある「差」をつくれるか？ ――差別化

第6章 どうすれば顧客を絞り込めるか?——集中戦略

第8章 成熟期からは衰退期に行くしかないのか？——プロダクトライフサイクル（PLC）

第Ⅰ部

戦略分析のための「フレームワーク」を理解する

基本の習得なくして応用なし

まず第I部では、戦略を考えるうえで「最低限」理解していただきたいフレームワークをご紹介したいと思います。具体的には、「3C」「5つの力（5 Forces）」「バリューチェーン」の3つのフレームワークです。

なぜこの使い古された3つのフレームワークなのか？

もっと最新のトレンドを追いかけた視点はないのか？

ビジネス書を多く読みあさってきた方などは、特にそのようにお感じになられるのではないかと思います。

もちろん、この3つのフレームワークを完璧に習得されているのであれば、そのご意見は正しいでしょう。もしくは、流れの早い業界にいる方や、トップマネジメントの方にとっても、最新の経営理論を押さえることは必要かもしれません。

しかし、この書籍の想定読者である一般的なミドルリーダーの方々を前提に申し上げれば、そうした新しい概念を追いかけることにあまり大きな意味はありません。むしろ焦点が散漫になる、軸足が定まらないという面において、デメリットのほうが大きいとすら考えています。

あえて極論めいたことを言えば、企業の戦略面における分析においては、この3つのフレームワークの使い方さえ完璧に理解していれば、大半のことは片づきます。なぜならば、これらのフレームワークの本質を理解することができれば、多くのビジネスで活用できる普遍性の高い考え方ができるようになるからです（この点は、本書のなかでおいおい説明していきます）。

もったいないのは、この3つのフレームワークに対する理解が表面的にとどまる一方で、新しいフレームワークや概念に飛びついてしまうことです。その姿は、たとえば野球で言うならば、基本的な動作であるキャッチボールや筋力トレーニングが十分ではないままに、スーパースターの離れ技を真似しようとしているようなものです。

基本の習得なくして応用はありえません。そして、基本を習得するためには「反復」して習熟度合いを高めるのみです。本番の切羽詰まった勝負においては、結局は反復演習をして体が覚えたものしか使えないのですから。

「3C」「5つの力」「バリューチェーン」――これらは多くの人がどこかで聞いたことがあるフレームワークであり、それ自体の目新しさはないかもしれません。しかし、その現実的な使い方に対して改めて理解を深めていただければと思います。

3Cで全体を大きく捉え、5つの力とバリューチェーンで業界や企業を具体的に考えていく

本文中でもそれぞれのフレームワーク間の関連性は触れていくことになりますが、この段階で少々説明しておきたいと思います。

図表に示した通り、「3C」は企業を取り巻く要因を大きく分析するツールです。そのうちの「業界」を分析するのが「5つの力」、そして「競合企業」や「自社」を分析するツールが「バリューチェーン」だということをざっくりと押さえておいてください。

もちろん、これ以外にも全体像を押さえるフレームワークや、業界、競合、自社などを押さえるツールは山ほどあります。しかし、繰り返しになりますが、まずはこの3つを完璧に理解し、習熟をしたうえで知識を広げていくことをお薦めします。

それでは、早速この3つのフレームワークの使い方を、現場リーダーの奮闘を題材に考えていきましょう。

3Cを中心に「5つの力」やバリューチェーンを組み合わせる

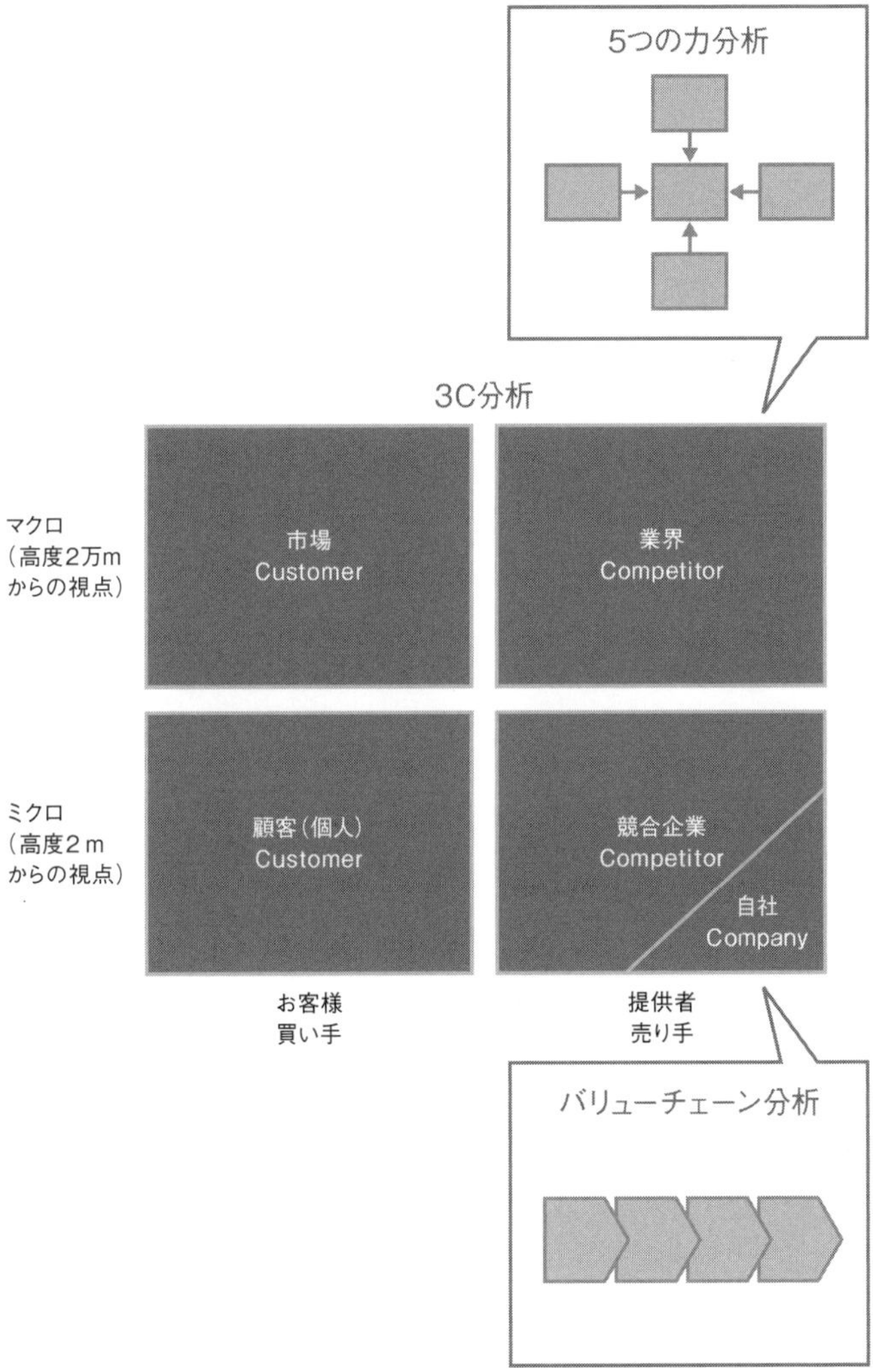

第1章

仮説思考力を進化させる

3C分析

ストーリー　家庭教師派遣会社の営業マネジャーの悩み

柏崎勇太は来週の本部長との面談が待ち遠しかった。本部長との面談は、四半期に一度行っているもので、面談では期初に立てた目標が達成できたか、そして来期は具体的に何に取り組むのかということについて意見交換を行うことになっている。柏崎は来週の面談において、現状の業績に対する具体的な改善案を提出する予定だった。柏崎はこの改善案に強い自信があり、早く本部長に提案し、認めてもらいたいと考えていた。

柏崎は地方A県に拠点を置く家庭教師派遣事業のチャレンジ社における営業リーダーである。家庭教師派遣事業は難しいビジネスであった。家庭環境ごとにこだわりたいポイントは違い、生徒の学力も千差万別である。行きたい学校によっても強化すべき学習項目は異なる。

そのなかで、チャレンジ社はA県の学校に関する豊富な情報やデータをもとに、家庭ごとの多様なニーズを踏まえながら、教師と営業担当が二人三脚で的確に学習方針を決めながらサポート対応していくことで評価を受けていた。そしてその評判が口コミを呼び、チャレンジ社が拠点を置くA県においては根強い人気を持つようになっていた。

しかし、昨今の営業成績は芳しいものではなかった。要因はいろいろと考えられた。当然少子化の影響もあるだろう。全国的に展開している競合がこの地方にも参入してきた影響も少なからずある。徐々に落ち込みつつある営業成績を見て、前回の本部長との面談は重苦しい雰囲気だった。

柏崎は、もはやA県では数字が伸びる可能性は見込めないので、別の地域に参入するタイミングではないかと考えていた。そしてひとつのアイディアとして、D県が有望だと思っていた。D県は、A県からは多少離れるものの、柏崎はかなり教育熱心な地域と見ており、家庭教師の需要は高いと思っていた。ただ、まだ何を伝えるべきかの骨子は固まっておらず、次回の面談までには何とかまとめたいと思っていた。

そんな折、とある経営セミナーを聴講した柏崎は、ひとつのヒントを得た。そのセミナーで柏崎が学んだのは、「3C分析」の重要性である。ビジネスにおいてはCustomer（市場）、Competitor（競合）、そしてCompany（自社）という3つのCを丁寧に分析することが大事であり、現状のビジネスの改善提案などにも使えるということであった。

「そうか、市場は魅力的であり、競合は強力なプレイヤーが不在である。うちは今の市場で頭打ちであり、今後の成長に向けて何かの施策が必要。だからこそ、今こそD県に進出すべき、という流れでまとめればいいんだな」という発想が浮かんだ。柏崎は、急いで自分のアイディアの骨子をまとめ始めた。

「まず市場・顧客について。これについては、D県は、今の拠点からは距離があるものの、子供の教育に関心の高い家庭が多く、有名私立校も多いというデータを提示し、我々のいる市場と同じように

市場分析

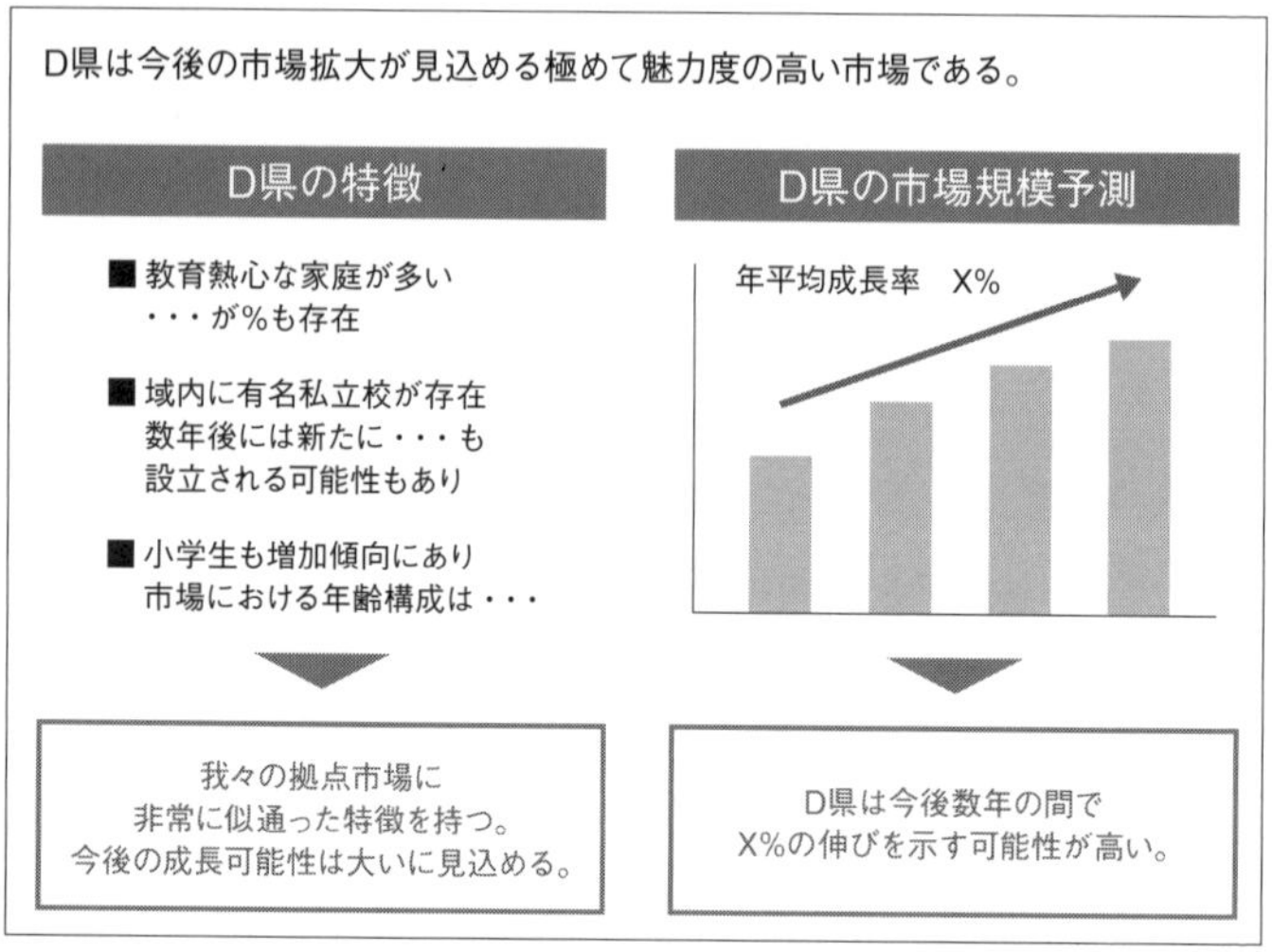
D県は今後の市場拡大が見込める極めて魅力度の高い市場である。
D県の特徴
■ 教育熱心な家庭が多い
・・・が%も存在
■ 域内に有名私立校が存在
数年後には新たに・・・も
設立される可能性もあり
■ 小学生も増加傾向にあり
市場における年齢構成は・・・
我々の拠点市場に
非常に似通った特徴を持つ。
今後の成長可能性は大いに見込める。
D県の市場規模予測
年平均成長率　X%
D県は今後数年の間で
X%の伸びを示す可能性が高い。

教育熱心な市場であるということを言わないとダメだな。また、それを具体化するために、D県の家庭教師の市場規模と3年後の想定市場規模についての推定値を提示し、どれくらい市場が大きくなりそうかを提示するのがいいだろう」

「次に競合。競合はX社とY社の2社が存在する。両社ともこの地域だけにある地場企業だから、両社のおおよその売上げ規模からシェアがどうなっているかはわかるな。それから、この2社ともに大規模な資本を持った大手ではないために、サービスで秀でることができれば十分戦えるということも言えるだろう」

「そして、最後に自社について。ここはA県ではもう伸びが見込めずに頭打ちになってしまうこと、そして距離はあるものの、この市場を攻略できれば、今後のうちにとっての成長戦略のひとつの足掛かりになるだろうという意気込みを伝えたいな。

競合分析

D県の競合であるX社、Y社は、それぞれ十分戦える相手。チャンスは大きい。

D県におけるシェア

D県は実質X社とY社の2強が市場を押さえている状態。

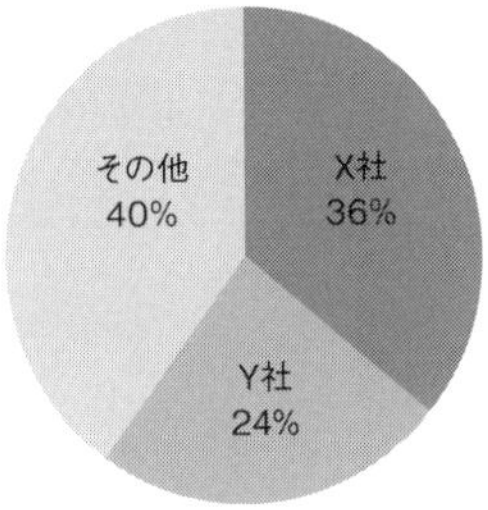

競合の特徴

X社、Y社ともにこの県だけに拠点を置くローカル企業。これといった強みもなく、サービスで秀でれば十分顧客獲得のチャンスあり。

	強み	弱み
X社	・・・	・・・
Y社	・・・	・・・

自社分析

このままＡ県に固執しているとジリ貧になる可能性大。

それよりも今D県に参入することで、今後の展開のチャンスを広げるきっかけにしたい。

自社の業績と今後の見込み

ここ数年の業績は低迷気味。
今後もこのトレンドが予測される。

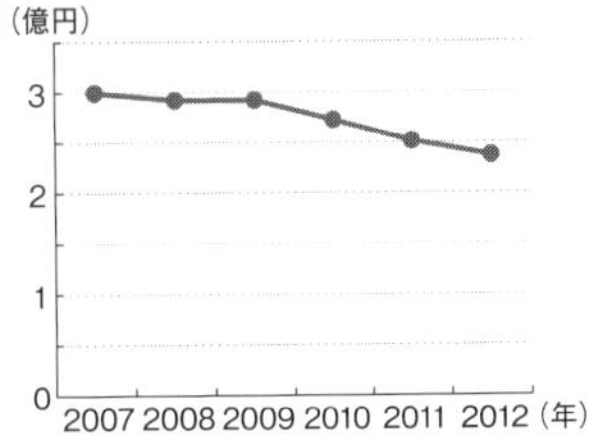

今後のあるべき方向性

多少離れているが、D県を攻略できればさらにＩ県などの有望な地域攻略の足掛かりになるはず

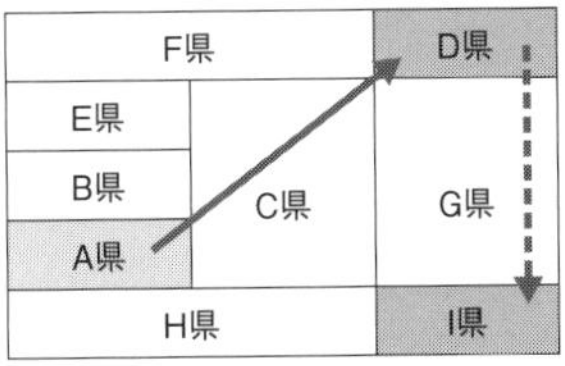

今こそ成長に向けて動き出すタイミングではないか？

データは少ないけどこれくらいで十分だろう」

柏崎は時が経つのを忘れて作業に没頭していたが、できあがった資料を眺め「客観的に見ても、我ながらなかなかの仕上がりだな」と満足した。

「本部長はまさかここまで考えているとは思っていないだろう。驚くだろうな」

柏崎は本部長との次の面談を心待ちにしていた。

理論　3C分析を実践で使うポイント

「3C分析」というキーワードは、何らかの形で経営戦略にかかわったことがある人であれば必ず耳にしたことがある言葉だと思います。Customer（市場・顧客）、Competitor（競合）、Company（自社）――この3つをそれぞれ分析することを、3つの言葉の頭文字を取って3C分析と呼びます。

平たく言えば、「お客さんを見て、競合を把握し、それに対して自社がどうしていくか」ということであり、戦略を考える視点として概念的にわかりやすいのが特徴です。そのために、他の多くの戦略のフレームワークと比較しても、最も多用されるものとなっています。

しかし、「わかりやすさ」とは、「あまり深く理解しなくてもそれらしく使えてしまう」という危険

図表1-1　3C分析

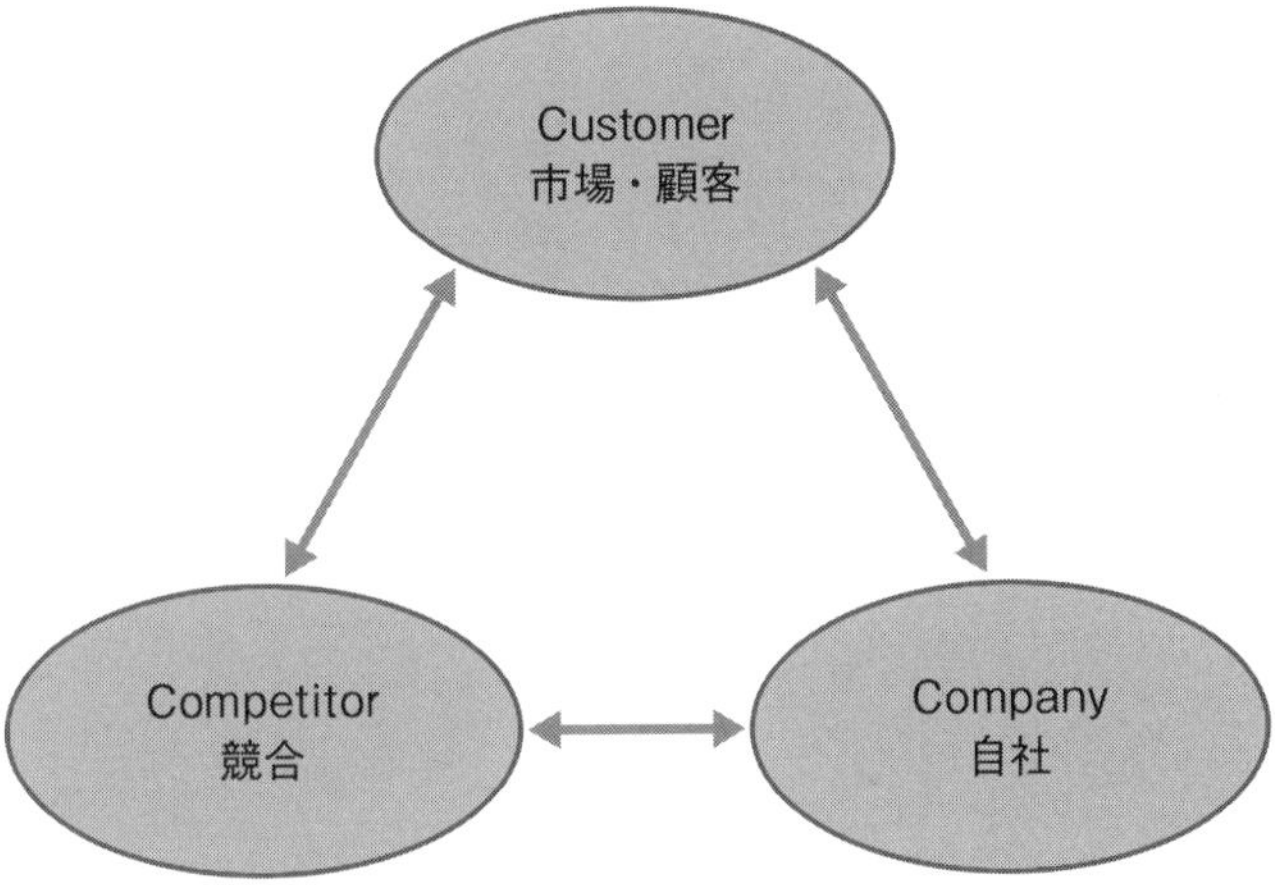

性を伴うということでもあります。つまり、3Cというフレームワークを使って話せば何となく重要な論点は押さえられ、戦略を「それらしく」説明できた気になってしまうということです。

ところが、戦略を「それらしく」伝えて、受け手も「それらしく」理解したつもりになっていても、いざ実行段階になると、さまざまなところでトラブルが生じるのはよくある話です。

単に「3つのCを見る」というレベルの話は、野球で言えば「走攻守のバランスが大事」と言っているにすぎず、とてもではないですが現場の真剣勝負においては使えません。

もちろん、自社製品のことばかり考えて市場の動向や競合の動きに対してまったく関心を払っていない部下に対して、「お前な、ちゃんと市場や競合を見なきゃだめだぞ」というニュアンスで3Cというフレームワークの存在を教えてあげるのであれば、一定の意味はあるでしょう。

しかし、3Cというツールを使って、真剣に事業課題を考える、もしくは新規事業を立案するといったことになると、その程度の理解ではまったく太刀打ちできません。

もし本気で3Cというツールを現場の意思決定に使おうと思うのであれば、しっかりその原理原則や詳細の部分を理解しなくてはなりません。本章では、そんな観点で、実践に使う3C分析に焦点を置いて説明していきます。

3C分析の原点は大前研一氏

3C分析とは、大前研一氏によって提唱された考え方であり、その考えは1980年代初頭にアメリカで出版された『ストラテジック・マインド』（邦訳はプレジデント社、1984年）に詳しく書かれています。

同書の「戦略的三角関係」という章においては、戦略を「自社の相対的な企業力を用いて顧客のニーズをより満足させ、競合相手との差を最大化すべく努めること」と定義し、戦略において市場、競合、自社という3つのCについて、それぞれしっかり考慮する必要がある、と述べています。

3C分析は、買い手と提供者をマクロ・ミクロの視点で分析していく行為

3C分析というのは何を分析するものなのか、もう少し深く考えてみましょう。

その前にひとつ質問です。

よく、「市場分析」、「顧客分析」あるいは「業界分析」という言葉を使うケースがあると思います。これらの言葉はそれぞれ意味が異なるのですが、その違いを皆さんは理解して使っているでしょうか？

実は、この「違い」こそが、3C分析を正しく理解するうえでの重要なポイントのひとつです。これらの言葉のニュアンスの違いなどを踏まえながら、概念を整理すると、図表1-2に示した構図になります。

つまり、買い手をミクロ、つまりできるだけ細かい視点で考えれば、それは一人、もしくは1社の「顧客」という存在になります。それを大きなマクロの視点で捉えれば、顧客の集合としての「市場」という存在ができあがります。

一方、買い手に対する提供者、つまり、売り手という観点からミクロで見ると、それは「競合企業」、もしくは「自社」という存在となり、そうしたプレイヤーの集合をマクロで捉えると、それらの企業の集合体である「業界」という存在になります。

図表1-2　マトリクス型3C

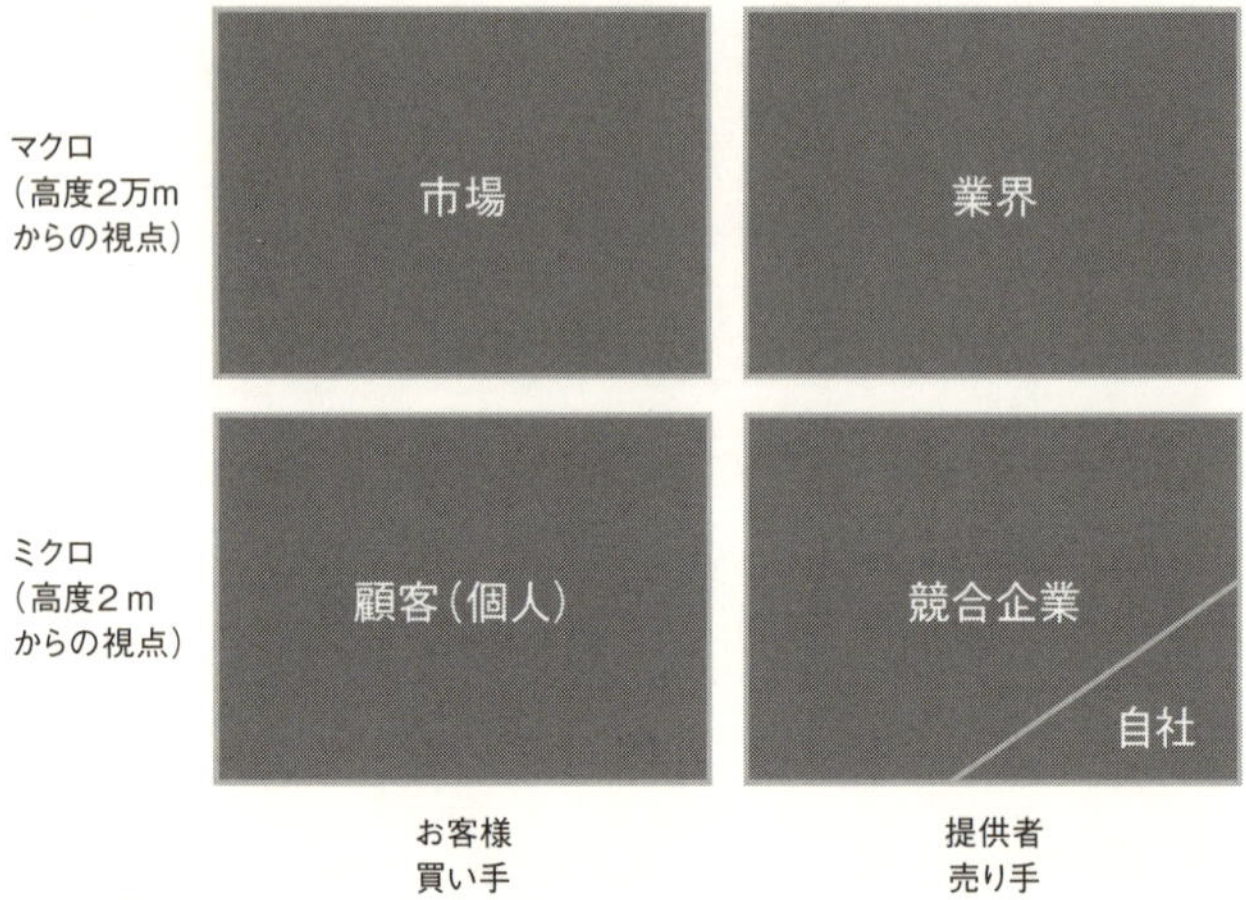

＊上記の図は、ジョン・W・ムリンズ著『ビジネスロードテスト』（英治出版、2007年）に着想を得て、筆者が編集をしたものです。

その理解のうえで、3C分析の位置づけを見てみましょう。

まずCustomerは、この図表1-2で言うところの「顧客」であり、またその顧客の集合である「市場」になります。次に、Competitorは、図の右側の「競合企業」であり、そしてその集合の「業界」になります。そして、Companyは、その右下にある「自社」が該当します。

つまり、3C分析とは、「お客様と提供者の関係を、マクロ、ミクロ双方の視点から分析していく行為である」と言い換えることができます。

よく「業界」と「市場」を一緒くたにしたまま「業界分析」と言ったり「市場分析」と言ったりするケースを見かけます。それ自体は必ずしも悪いことではありませんが、その言葉の含む多様な意味を整理しないままに「業界分析」と銘打った分析を進めるのはやや危険です。

たとえば、この図でいうところの「業界」のことはしっかり理解できるかもしれませんが、「市場」や「顧客」分析を怠ってしまい、「抜け」や「漏れ」が出てくる可能性があるからです。

以下、それぞれのマス（箱）において、具体的に何を見ていけばいいのかを確認していきましょう。

市場分析：どう細分化するかの勝負

まずは図表1-2の左上の「市場」から考えていきましょう。市場を分析するということは、何を見ることなのでしょうか？

まず必要なデータとして、市場規模（金額・顧客数）や、その推移や成長率といった市場全体を捉えるための数値があります。大事なのは「拡大傾向にある」といったようなざっくりとした定性表現ではなく、何％伸びているのかを具体的な数値で示すことです。

しかし、一般的には大きな粗いデータだけからは何も見えてきません。「やっぱりうちの市場は停滞気味だよね」とか「伸び率が落ちてますね」と言うのが関の山です。

重要なのは、大きな定義の市場を、「どういう切り口で細分化（＝セグメンテーション）するか」ということです。たとえ停滞しているように見える市場も、ある切り口で細分化してみれば、必ずユニークな動きを見せる市場は存在します。

たとえば、菓子市場は国内全体で2兆円ほどありますが、2009年以降は漸減傾向にあります。そのなかで、急激に伸びているセグメントがあります。オフィスグリコが開拓した「置き菓子」市場です（オフィスグリコとは、オフィスのなかに設置されたボックスのことであり、購入者はそのボックスから菓子を選び、100円を集金箱に入れてもらうことで回収します）。これは、菓子市場を細分化し、オフィスでの手軽なおやつということに焦点を当てて深掘りした結果成功した事例です。

特に少子高齢化が進む日本市場を考えると、これから先、急成長する市場を見出すのは非常に難しいでしょう。ただ、そこで思考停止せずに、どうやって切るか。そこが極めて重要になります。

1000億円の市場が年率1％程度縮んできているという分析で終わらせるのか、50億円の市場が年率10％で伸びているというところまで具体化して考えられるのか。ここは分析する当人が市場をどのくらい真剣に考えているのかという姿勢が大きく出てくるところです。3C分析のキモの考察と言っても過言ではありません。

顧客分析：固有名詞で考える

市場分析が大きな視点で物事を捉えるのに対して、顧客分析は、できるだけ細かくミクロな視点で捉えることになります。具体的に典型的な顧客像をイメージして、その顧客が具体的にどういうニーズを持ち、そのニーズを満たすためにどのような行動をするのかということについて、リアリティを持って考えることが重要です。そうすることによって、マクロからでは見えなかった具体的なアクションをイメージしやすくなります。

そのために、この顧客像を考える際には、架空の人物像ではあるものの、年齢、性別、居住地、職業、勤務先、役職、年収、家族構成、趣味嗜好、価値観、身体的特徴などの個人情報まで設定することもあります。大事なのは、そこまで具体的に考えることによって、一人の顧客の動きを徹底的にイメージすることです（これをペルソナ分析ともいいます）。

また、法人の顧客の場合などに典型的ですが、購買者と意思決定者が分かれる場合があります（購買者は購買担当者であるが、意思決定者は生産担当役員といった場合）。その際は、DMU（＝Decision Making Unit：意思決定者・組織）が誰であり、そのDMUのニーズは何かを具体的に考えることが必要になります。

いずれにせよ、重要なのは、マクロ的な視点でざっくりとその市場の大きな傾向を捉えつつ、その市場を構成する具体的な個人像を語れるくらいまで考えることです。

なお、一般的には、マクロ（市場分析）とミクロ（顧客分析）の視点は、どういう業界にいるかによって偏りが出てきます。

たとえば法人顧客を相手にしたビジネスの場合、主な顧客は数えられる程度という場合があります。そういう場合は、日々の活動の視点としてミクロ、すなわち個別具体的な顧客企業の分析が中心になるでしょう。

逆に数多くの顧客を相手にした個人顧客ビジネスの場合は、マクロで顧客全般のトレンドをつかむような分析が主になります。

そこで大事なのは、偏った分析のまま終わるのではなく、その逆もちゃんと分析すべきということです。たとえば法人ビジネスであっても、市場全体を俯瞰したマクロの分析でトレンドを把握してみる。多くの個人相手のビジネスの場合は、逆に特定の顧客をイメージしてプロファイリングをしながら実際に顧客になったつもりで購買行動を追いかけてみる。そうした「今まで日常的に考えていなかった視点」の分析をすることが大事です。

業界分析：「5つの力」を丁寧に読み解く

次は「業界分析」です。これは、そのセグメントされた「市場」において、どういう企業がどのようなルールに従って、どういう戦い方をしているのかを大きな視点で読み解くものです。

そのためには、次章でご紹介する「5つの力」分析が極めて有効です。詳細は次章に譲りますが、大事なのは5つのハコを埋めることではなく、どのような力学がこの業界に働いているのかを大局的に理解することです。

競合・自社分析：視点を絞ってから考える

このようにして、市場や顧客、業界といった企業を取り巻く環境を理解したうえで、その土俵で戦う具体的な競合企業や自社を見ていきます。

とは言え、会社というものはそんなに簡単に分析できるものではありません。たとえば皆さんが、「あなたの会社を分析してください」と言われたら、何をするでしょうか？

当たり前ですが、目的なく「分析しろ」と言われても筋のよい分析ができるはずがありません。具体的にどんな目的で、どんな仮説に基づいて企業を見るのかという視点が定まらない限り、闇雲にデータを集めても自己満足にしかならないのです。

大事なことは、市場・顧客、業界を分析したうえで、「このビジネスを行ううえではここが大事！」という重点ポイントをあらかじめ設定しておくことです。

たとえば、この市場を攻めるためには、「オペレーションが勝負だ」というあたりがつけられていれば、競合、そして自社の分析は、オペレーションに絞って具体的に見ていきます。そんなときに、企業の全体像を網羅的に幅広く分析したところで時間のロスにしかならないからです。

分析はそれ自体が目的ではなく、ビジネスを前に進めることが目的です。したがって、「メリハリ」をつけて企業を見ることが必要となります。逆にいえば、その市場・顧客、業界の分析を通じて、そのビジネスを行ううえでの重点ポイントが浮かび上がってこなければ「アウト」なのです。

＊経営用語では、この重点ポイントをKSF＝Key Success Factorと言いますが、ここでは平易な用語を用います。

3C分析は進化させてこそ価値がある

3Cにおいてそれぞれ見るべきポイントをざっくり追いかけてきましたが、ここまでのことを書いた書籍はありますし、お聞きになった方も多いでしょう。大事なのはこれからです。3C分析での着眼点だけを押さえていたところで、残念ながら意味のある分析はできません。

たとえば、実際に何か新たな取り組みを始めるとき、もしくは既存のビジネスのテコ入れを考える場面を想像しましょう。まずはその時点での3Cを整理していくことには少なからず意味はあるでしょう。

しかし、それは単なるスタートに過ぎません。3C分析をして「こうすべき」という初期仮説が立ったとしても、実行段階に入るとまたまったく違う世界が見えてきます。「想像以上に顧客が少なかった」「予想していない競合が存在した」「やってみたらオペレーションがまったく回らなかった」……。こんな事例は枚挙にいとまがありません。大事なのは、そこでの実践経験を踏まえて、改めて3Cをより現実感のあるデータに更新し、どんどん進化させていくことです。

図表1-3　進化させる3C

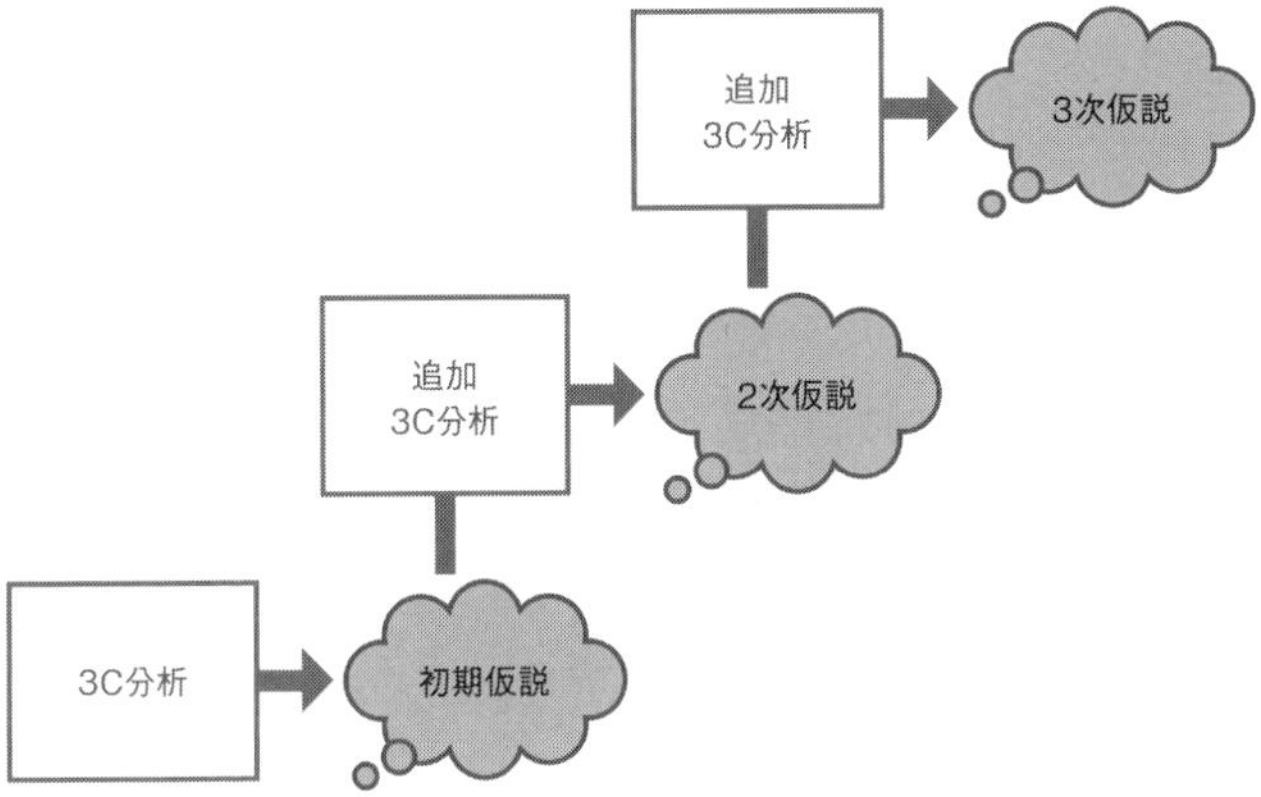

言い方を換えると、3C分析は、最初の静止画像での分析だけではあまり価値がないということです。世の中やってみなければわからないことだらけです。したがって、実行を通じて欠けている情報を埋め、自分たちの初期仮説をより手触り感のあるものに仕上げていくべきツールなのです。3Cは「進化させてこそ価値がある」と考えてください。

データは「ある」ものではなく「自分で調べる」もの

実際には、たとえば市場分析のところでユニークな視点で細分化しようとしても、市場規模など最低限必要な情報すら入手できないことがあります。もちろん、業界分析をしても何も見えてきません。ではどうすればいいのでしょうか？

忘れてはならないことは、データは「どこかにあるもの」ではなく、「地道に自分の手足で調べる」

ものだということです。

ユニークな市場が見つかったとしても、「情報がない」「わからない」というだけで目をつぶってしまう人は少なくありません。しかし、情報などというものは、自分で拾おうと思えばいくらでも拾えるものです。アルバイトを雇って1日店の前で顧客数のカウントをさせるのもよし、自分の足でできる限り多くの顧客の声を集めるのもよし。その業界に長くいる人を捕まえて、3人くらいに話を聞くだけでもざっくりとした像は見えてきます。

新しく市場機会を見出そうと思ったら、データがないのは当たり前です。むしろネットなどで市場規模などのデータが拾えるという時点で、それは「すでに手垢のついた市場」ということですから、厳しい戦いを覚悟したほうがいいでしょう。

3C分析で本当に役立つのは、「顧客に直接声を聞きまくった」というような、自らの手で集めた、ライバルが持たない情報です。逆に言えば、ライバルも容易に手に入れることができる外部の二次情報だけで考えたことをベースにつくられた3C分析は、相当危ういと思ったほうがいいでしょう。

先に述べたとおり、3C分析は進化させていくものです。最初にデータがないのは当たり前。だからこそ、まずは限られた範囲でもいいから聞いてみる。そこで初期仮説を組み立てて、後は実践の過程でより正確な情報を取っていけばいいのです。

そして実際に「自分の手で汗かきながら情報を拾ってきた」という行為が、迫力を生みます。公開データを加工して資料をきれいに見せたところで、本人の実感を伴わないデータでは説得力が生まれません。そのデータに「自信」が伴わないからです。

そして、仮に実行段階でうまく行かなかったときも、実感の伴わないデータの集積で仕上げた場合は、踏ん張りがききません。自分が現実感を持っているからこそ、頑張ることができるのです。

結局は今後の市場は伸びるのか？　競合は本当に強いのか？　そんなことは、白黒はっきりつけられることはありません。大事なのは、最低限必要なことを網羅的に押さえつつも、「私はこう思います。なぜならば……」ということを「自信」を持って言い切れることです。そのためにも、重要なファクトはフットワーク軽く「自らの手で集める」ようにしてください。

初期仮説立案こそ、ミドルリーダーの役割

しかし、現場でこういうことを言うと、「データは何とかなるとしても、そもそも初期仮説が浮かびません」と言われることがあります。

確かに仮説がないと、3C分析はどうしても漠然としたものになってしまい、それぞれのハコをとりあえず埋めていくという「穴埋め状態」に陥ってしまいます。では、仮説はどうしたら立てられるようになるのでしょうか？

私は、仮説のタネは現場にいくらでも転がっていると考えています。「お客様の反応がどうも最近芳しくない」「現場の社員がどうも辛そうだ」……。こうした現場での肌感覚こそが仮説のタネにな

ります。

そして、これをいかに見逃さずに拾い上げて仮説をつくるかということが、現場を知るミドルリーダーの非常に重要な役割だと思っています。これは高い場所から眺めているトップリーダーにはできない芸当です。

もし、3Cを考えても何の初期仮説も立たないのだとしたら、まずは現場に行きましょう。そして、お客様や現場の社員の仕事ぶりを眺めてください。分析はそれからでも遅くはないのです。

解説　地に足のついたリアリティのある3C分析を行う

さて、ストーリーを踏まえて、柏崎さんのアプローチを振り返ってみましょう。

まず、3Cで考えるということの着眼は悪くありません。そして、ある仮説を持って分析に臨んでいるのもよいことです。しかし、この分析には大きく3つの欠陥があります。先の説明を読んだ方はもうわかりますね。

まずは、「顧客分析」の視点が欠けていることです。ミクロの視点で具体的な顧客像を踏まえた分析がなされていません。具体的にこの地域にはどういうお客さんがいるのでしょう?　「教育熱心」

という言葉を使っていますが、これは日常的にどういう行動を取ることなのでしょうか？　DMU（購買意思決定者）は父親なのでしょうか、母親なのでしょうか？

こうした具体的なイメージがまったく見えてきません。高度2万メートルの分析はいいとしても、地に足のついたファクトがほとんどないというのは大きな欠陥です。

もちろん、そんな情報は外部に落ちているはずがありません。したがって、自分の手で取ってこなくてはならないのですが、それを怠っているというのが次の欠陥です。

もし本気でやる気があるならば、数人でも実際に顧客インタビューをしておくべきでしょう。競合についても、実際に見てくるとか、彼らに対するユーザーの声を聞いてくるなど、いくらでもできることはあるはずです。初動でどれくらいこうした行為ができるかが、3C分析が意味のあるものになるのかどうかを左右します。

3C分析に取り組む姿勢は「最後の1枚」に表れる

そして最後の欠陥は、柏崎さんが、この3Cが「進化の過程にある」という認識を欠いていることです。つまり、今回の3C分析は、かなり初期の仮説構築段階のはずです。とするならば、「今、わかっていないことは何なのか？」「それはどうやって検証していくのか？」ということについて具体的なアクションも含めて分析に織り込むべきです。

「いきなりそこまで求めるのは酷だ」という意見も聞こえてきそうですが、最初の3C分析などというものは、どれだけ考えようとしてもふつうは穴だらけです。大事なのは、「穴だらけだ」という前提で「これを検証していこう」という姿勢を持つのか、「これで完璧だ」と思ってしまうのかの違いです。

そして、その姿勢の差は、「3C分析」というフォーマットだけで提案が終わるのか、その後に1枚、「今後を見据えた検証のアクション」のページが続くのかというところに表れてきます。この違いは本当に大きいものです。

今回の柏崎さんのような「一見きれいな3C分析」は、ちょっと勉強した人がよく陥りがちなパターンでもあります。美しく仕上げられているように見えるので、そこで満足してしまうのです。冒頭に「3Cというツールは危険」と書いたことはまさにこのことです。3Cという「形」を知ってしまっている人ほど、これを肝に銘じてほしいと思います。

参考文献
大前研一『企業参謀』(講談社、1975年)
大前研一『ストラテジック・マインド』(プレジデント社、1984年)
大前研一『大前研一　戦略論』(ダイヤモンド社、2007年)
ジョン・W・ムリンズ『ビジネスロードテスト』(英治出版、2007年)

第2章

業界の構造を読み解く

5つの力分析

ストーリー　部品メーカーの営業担当者の悩み

黒川悦郎は電機部品メーカー「ヤスダ技研」において、携帯電話のカメラ用モーターを販売する営業担当者である。新卒でこの企業に入社し、すでに10年。今まで営業一筋であった黒川だが、基本的には既存顧客との取引を維持継続するにとどまり、特筆すべき実績は上げられていなかった。それは黒川の実力もあるのだが、国内携帯メーカーの不振の影響もあった。

そのような黒川に大きな転機が訪れたのは3年前のことだった。従来の営業先は国内携帯メーカー向けであり、そのなかでもフィーチャーフォン（いわゆる「ガラケー」）ばかりであったが、今回初めて米国メーカーA社のスマートフォン新型モデルの受注を獲得したのである。

A社のスマートフォンはグローバルで人気を得ており、先行きが見えない国内メーカーとは比べものにならないくらい魅力的な取引先に思えた。当然、その販売数は、国内メーカーと比べて文字どおり桁違いの規模であった。

見事受注に至った後、その新型モデルの販売は黒川の予想をはるかに上回り、この受注だけで例年の数倍の売上げを達成することになった。黒川は、そのような大型受注に導いた営業担当者ということで、社内で一躍脚光を浴びることとなり、その評価は上がっていった。

しかし、ポジティブなことばかりではなかった。当然のことながら、大手A社からの注文は非常に厳しく、個別の仕様変更要求や納期の要求に対応するだけで一苦労だった。想像を上回るほどの大量の発注が短納期で来ることも多く、毎回綱渡りの連続であった。大型顧客ゆえに社内の注目度も高く、A社からの要求とあれば全社で対応はしてくれたものの、その反動で、既存・新規含めてそれ以外の顧客の優先度合いは下げざるを得なかった。

新製品の検討のたびに既存顧客からは提案依頼はもらっていたが、規模が圧倒的に劣ることや、仮に受注できても生産の確保が怪しいことから、これらの顧客からの積極的な提案は受けないようになっていた。「まずはとにかく一度獲得した大型受注が軌道に乗るように足元を固めることだ」と言い聞かせ、顧客対応を進めていったのであった。

そんな状況が一変したのは、先月のA社との打ち合わせからだった。「新たにモデルチェンジをするので、そのための提案をしてほしい」ということだったが、打ち合わせで明かされた仕様、価格、そして納期は、いずれもヤスダ技研が飲めるような条件ではなかった。厳しい条件提示をまず提示するやり方はA社の毎度の交渉術ではあったものの、今回は「交渉」という気配を感じなかった。

「いや……、さすがにこの条件はいつにも増して厳しいのではないでしょうか」

「難しいのは承知しています。ただ、昨今の厳しい競争環境において、これくらいの価格や納期でつくっていただかないと、うちも厳しいんですよ。おわかりいただけますよね」

「しかし……」

あまりにも納期が短く、そして価格も今までと比較にならないほど安い。これでは交渉の土俵にすら乗れない……。そう言いかけて、黒川は言葉を飲み込んだ。目の前にいる担当者の余裕の表情を見て、黒川は状況を察した。

「これはうちを切るつもりなのだ。もうすでに別の調達先と話がついているに違いない……」

そう考えた瞬間、黒川は目の前が真っ暗になった。もしこのクライアントからの受注をロスしたらどうなってしまうのだろうか？　事業部自体の存続を左右しかねないほどのインパクトを受けることになる。

その打ち合わせから、怒涛のような1カ月が過ぎた。新型モデルは予想どおり失注した。結局新興の韓国メーカーに丸ごと奪われたようだった。その韓国メーカーについては、黒川は競合として認識したことはなく、つい最近業界に参入した新規参入者のようだった。

黒川は一転して社内の各所からの批判の的となった。そして社内では、拡張してしまった生産拠点をどうするかが最大の課題となっていた。黒川自身も、A社向けに仕様変更したモーターの転用先はないか模索しなくてはならなかったが、無理な話だった。

この1カ月の対応で心身ともに疲れ果てた黒川はぼんやり考えていた。「結局何がいけなかったんだろう？　そもそも受注したことがまずかったんだろうか？」

理論　「5つの力」とは業界の儲かりやすさを分析するために開発されたツール

マイケル・ポーターが1980年に発表した『競争の戦略』は、経営戦略を学ぶ多くの人たちにとってのバイブルになっています。この書籍に書かれたなかで最も有名な概念が「5つの力」（5 Forces）というものです。

『競争の戦略』では、他にも「3つの基本戦略」など有名な概念が提示されていますが、ポーター自身が「この5つの力のフレームワークが出発点であり、それ以降の話はここから始まるのである」と言うとおり、戦略を考えるうえでの最初のステップに位置づけられることが多いのがこの「5つの力」です。

「5つの力」の原点は、産業組織論のSCP（Structure-Conduct-Performance）モデルにあります。SCPモデルとは、端的にいえば、「どのような競争状態にある業界（Structure）にいるかによって、企業行動（Conduct）が制約を受け、そしてその企業行動によって業績（Performance）が決定される」という理論です。つまり、「競争が激しい業界にいれば自ずと収益性も低くなり、競争が限定的な業界にいれば高収益を実現しやすくなる」ということを研究に基づき解き明かすものです。

そのような産業組織論の研究を踏まえて、ポーターによってより実践的に整理されたのがこの「5

図表2-1　「5つの力」分析

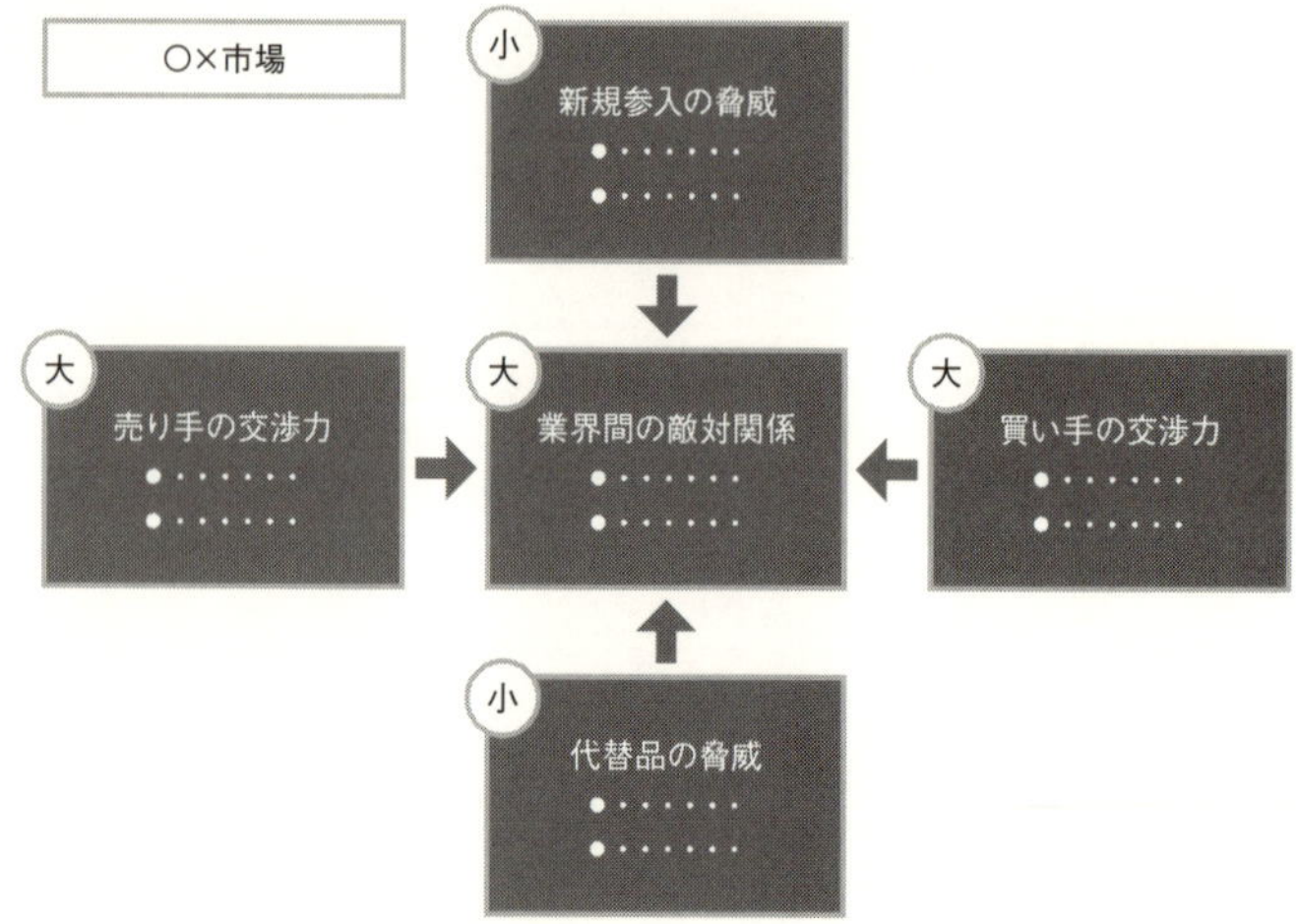

つの力」のフレームワークです。つまり、「どういう業界構造（Structure）であれば儲かりやすい（儲かりにくい）のか？」という漠然とした問いに対して、5つの競争要因（「競合他社」「新規参入者」「サプライヤー」「顧客」「代替品」）に分解することによって判断できるとポーターは主張したのです。

「5つの力」と儲かりやすさの関係性は、「売上げ－コスト＝利益」という数式を頭に入れて考えると理解しやすくなります。つまり、まず「買い手」との力関係で優位に立てる構図であれば、「売上げ」が上げやすくなります。また、逆に「売り手」との力関係でも優位に立てれば、「コスト」は低く抑えやすくなります。こうして横のラインを見ることにより、「売上げ－コスト」の関係性が把握でき、縦のラインにどれだけ「利益」がたまりやすくなるのかがわかってきます。

図表2-2 「5つの力」横のラインの意味合い

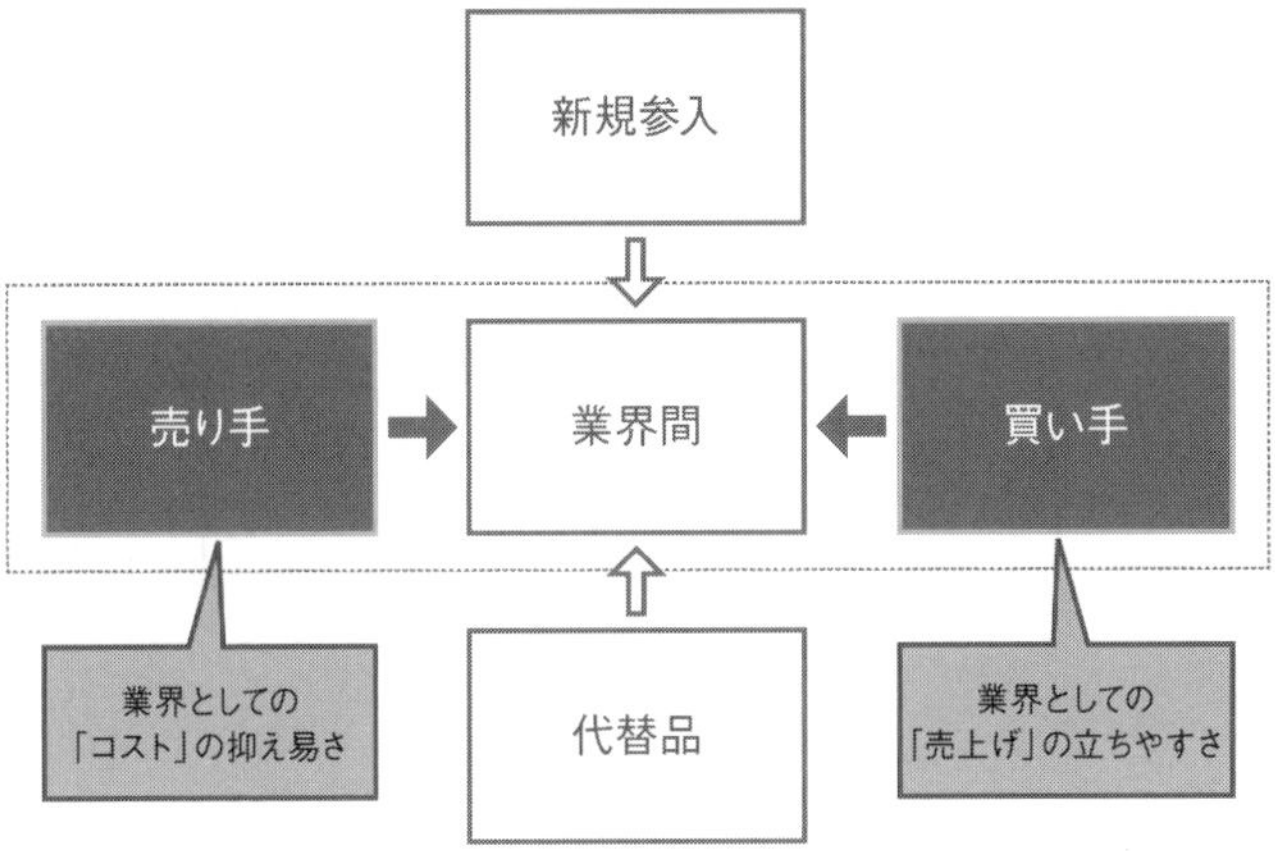

図表2-3 「5つの力」縦のラインの意味合い

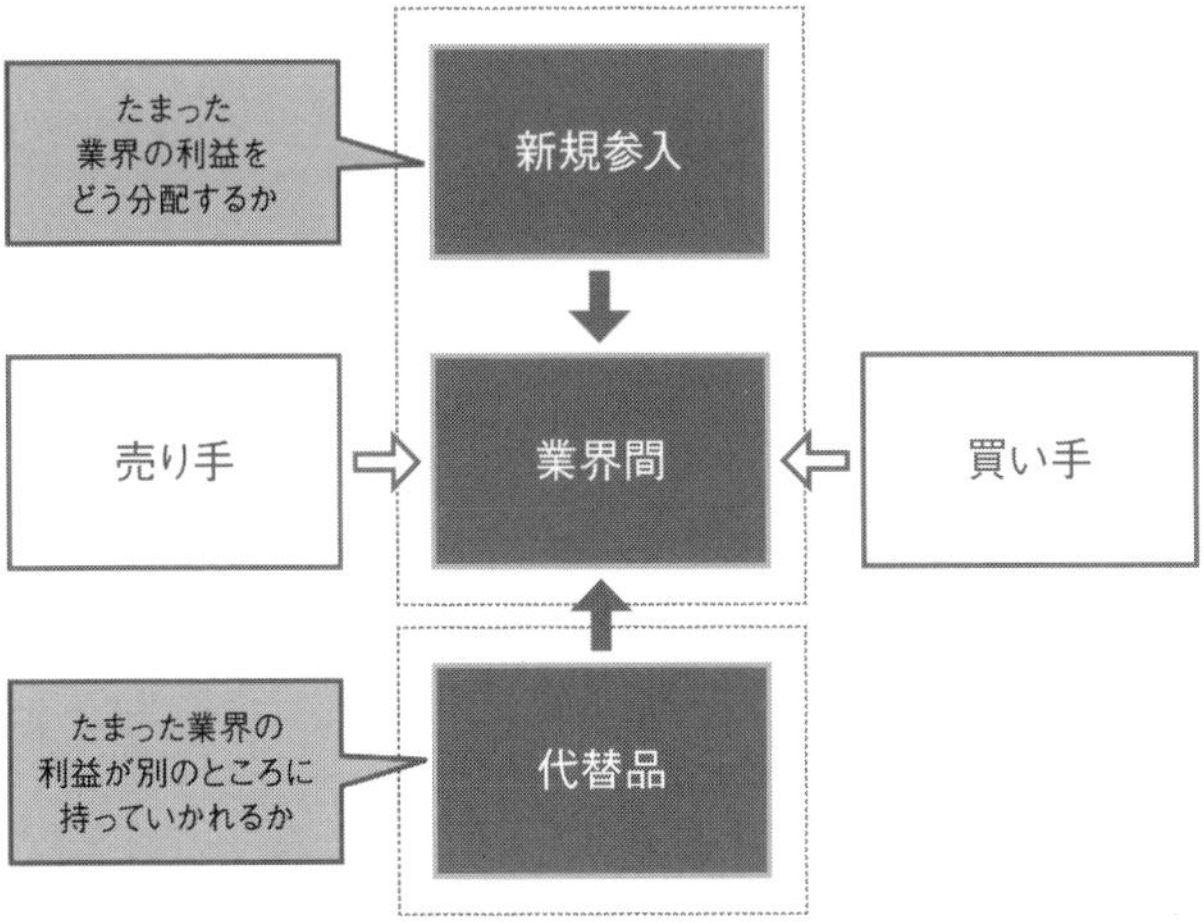

一方、縦のラインは、そこにたまった「利益」をどう取り合うのかを把握するものです。つまり、「業界内の競争」や「新規参入」の脅威が高ければ、真んなかにたまる「利益」のパイを多くのプレイヤーと分かち合わなくてはならなくなるという構図になります。また「代替品の脅威」が強ければ、そもそもの真んなかにあった「利益」のパイが根こそぎ奪われることにもなりかねません。

意味のない「5つの力」を量産しても時間の無駄

ここまで「5つの力」についての概要を説明しましたが、この概要だけを知っていたところで、残念ながら現場の分析にはほとんど役に立ちません。しかし、「5つの力」は非常にわかりやすいツールなので、「とりあえず」ということで、分析の第一ステップに使われることが多いようです。

私も経営大学院での教育現場に携わっている関係上、クラスのなかでつくられた「5つの力分析」を数多く見てきましたが、残念ながらそのうちの大半は実務ではほぼ意味をなさないレベルです。

その特徴は、たいてい以下の3つのパターンに集約できます。

(1) 市場定義がぼんやりしている
(2) 分析に数字がない
(3) 解釈にメリハリがない

図表2-4　「5つの力」を考えるための5つのステップ

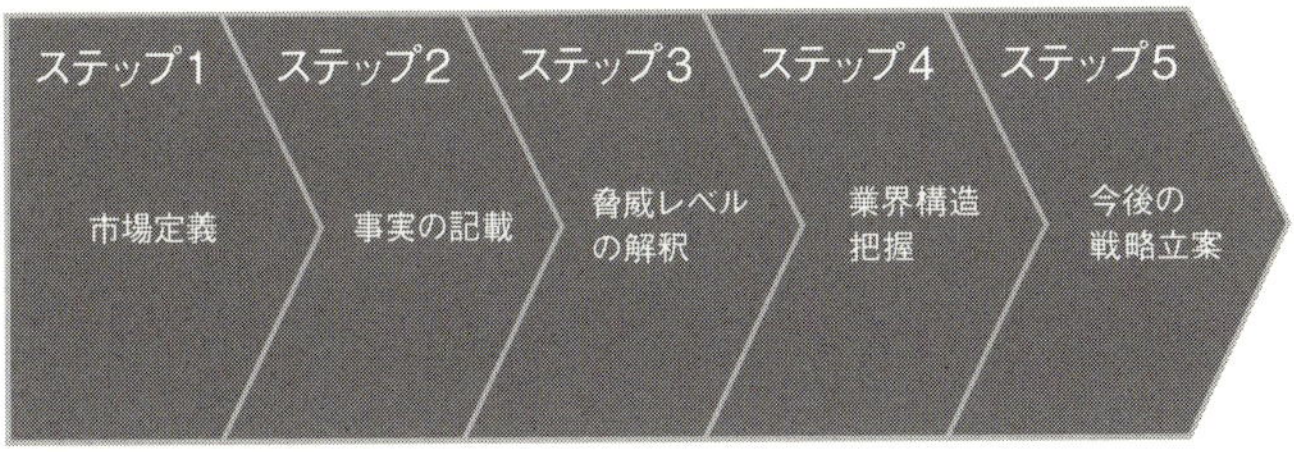

つまり、何となく市場をぼんやりと捉えて、それぞれの5つのハコに思いついたコメントを入れ、最終的には「やっぱり厳しい市場です」というものが典型例なのです。5つのハコを埋めることで見栄えはよくなったかもしれませんが、それだけのことです。このようなアウトプットをつくったところで、現場の意思決定には使えません。時間の無駄なので、すぐに止めましょう。

「5つの力」を考えるための5ステップ

ではどうすればいいのでしょうか。ここで、現場で「5つの力」を使いこなすための5つのステップを提示したいと思います。

ステップ①　市場定義

一番大事なのが市場の定義です。市場の範囲が広すぎると、分析の焦点がぶれて漠然としたものにしかなりません。業界内での戦い方の違いを意識して、地域や製品を明確に限定して業界範囲を定義しましょう。

たとえば、「製薬業界」という市場の定義では、利益率のまったく違うジェネリック（後発）医薬品と新薬が混在してしまいますし、新薬だけをとっても多くの雑多な商品が入りすぎています。また、当然ながら、アメリカなのか日本なのかによっても違います。このように明らかに違う市場を混在させて「5つの力」をまとめようとすると、結果としてざっくりとした分析にしかなりません。

特に地域軸は、場所によって消費者行動による違いがある場合が多く、できるだけ細かく見る必要があります。たとえば地域限定で出店している、ローカルに根差したケーキ屋が、全国のケーキ屋市場の分析をしても直接的な意味はありません。

一方で、市場の定義は、必ずしも狭くするという方向だけではありません。たとえばローカル色が強く限定的だった市場においても、テクノロジーの進化、規格統一、関税撤廃、物流網の発達などの理由によって市場定義が拡大されることもあります。

市場をどう定義するかによって、ハコに入るプレイヤーが変わり、そこで得られるファクトも変わりますので、まず何よりもこのステップ1に気をつけるようにしてください。

ステップ②　事実の記載

そして次は5つのハコそれぞれに入るプレイヤーを記載するとともに、重要な事実（現状・将来予想）を記載します。ここで大事なことは、可能な限り定量化することです。

「市場が大きくなりつつある」とか「コストが上がりつつある」といったような表現をしていては、その事実の重みがまったく伝わりません。市場が拡大しているのであれば、具体的な数値はどれくらいなのか、伸び率はどれくらいなのか。数量ベースの議論なのか、金額ベースの議論なのか。こうしたことを丁寧に表現することを心がけましょう。

ステップ③　脅威レベルの解釈

それぞれのハコがどれくらいの脅威を与えているのかについて「大」「中」「小」（もしくは「小」→「中」）といった形で表現します。

よく、「どうなったら脅威が大になるのか？」という質問を受けることがあります。それを考えるためには、まず一般論としてどういう状況になったら脅威が大きく（小さく）なるのか、原理原則を理解しておくことが大事です。

参考までに、それぞれのハコの脅威が大きくなりやすいパターンについて、『競争の戦略』においてポーター教授が述べていることを図表2-5～2-9までに簡単にまとめておきますので、参考にしてください。

一方で、そうは言っても、現実的には脅威の絶対的基準の設定は難しいものです。したがって、そこで悩むより、5つのハコの相対的な強弱を示すほうが実践的です。

図表2-5 新規参入の脅威が大きくなるパターン

業界の魅力度の観点

① 市場が拡大傾向にある
② 参入後に業界内からの報復がない

業界内の戦い方の観点

① 政府による保護政策が行われていない
② 後発にとって勝負しやすい戦い方が行われている
　a. 規模の経済が効きにくい
　b. 差別化が効きやすい
　c. 特別な技術・特許などが必要ではない
③ 後発にとって周辺業界の環境は整備されている
　a. 仕入先の開拓にコストがかからない
　b. チャネル構築にコストがかからない

図表2-6 業界間の敵対関係が大きくなるパターン

業界の成長性の観点

① 業界の成長が遅い

プレイヤーの特徴の観点

① プレイヤーの数が多い
② シェアが同程度の会社がひしめいている
③ 業界内に「暗黙のルール」がない。異端者がいる

戦い方の観点

① 設備投資や在庫コストが高い
② キャパシティを小刻みに増やせない
③ 撤退障壁が高い
④ 顧客にとってのスイッチングコストをつくりだしにくい

図表2-7　代替品の脅威が大きくなるパターン

顧客の評価軸の観点

① 顧客からの製品・サービスに対する評価軸が変わりやすい
② 補完業界や関連業界の変化に大きく影響されやすい
（ガソリン自動車にとってのガソリン価格など）

テクノロジーの進化速度の観点

① 業界のテクノロジーの進化スピードが素早い

代替品提供者の属性に関する観点

① 代替品となる製品が高収益を上げているプレイヤーによって生み出されている

必要性の度合いの観点

① 消費しなくても済んでしまう、我慢できるという選択肢がある

図表2-8　買い手の交渉力が大きくなるパターン

川下プレイヤーにおける当該業界の影響度の大きさの観点

① 川下プレイヤーのコスト構造に占める割合が高い
② 当該業界の製品が川下プレイヤーの製品の品質にほとんど影響しない
③ 川下プレイヤーにとってのスイッチングコストが低い

当該業界における川下プレイヤーの影響の大きさの観点

① 当該業界の販売先が特定の川下プレイヤーに集中している
② 特定の川下プレイヤーしか買ってもらえない商品をつくっている
③ 川下プレイヤーが少なく、当該業界プレイヤーが多い
④ 小刻みにつくることができない、転用が効かないなど、生産に柔軟性がない

当該業界と川下プレイヤーとの情報の非対称性の観点

① 川下プレイヤーが、当該業界の製造コストや品質などの十分な情報を持つ
② 川下プレイヤーが、重要な消費者情報などを握っている

図表2-9　売り手の交渉力が大きくなるパターン

当該業界における川上プレイヤーの影響度の大きさの観点

① 川上プレイヤーの製品が当該業界の製品の品質に大きく影響する
② 当該業界にとって、川上プレイヤーのスイッチングコストが高い

川上プレイヤーにおける当該業界の影響の大きさの観点

① 川上プレイヤーの販売先が当該業界だけでなく他にオプションがある
② 提供できる川上プレイヤーが少なく、当該業界プレイヤーが多い
③ 川上プレイヤーの業績が厳しい

当該業界と川上プレイヤーとの情報の非対称性の観点

① 川上プレイヤーが、当該業界の製造コストや品質などの十分な情報を持つ
② 川上プレイヤーが、競争上重要な情報を握っている

たまに、5つのハコをすべて「大」と表現して、「厳しい業界です」で終わる人もいますが、そんなことをしていても次のアクションにはつながりません。厳しい業界というのは事実としても、「そのなかで特にどこの脅威を意識すべきなのか？　どこの脅威は後回しにできるのか？」というように、5つのハコのメリハリをつけることを意識してください。

ステップ④　業界構造把握

ひととおり各ハコの解釈までを記載したうえで、業界構造を客観的に把握します。業界構造を把握するということは、具体的には、「どの脅威が利益率を圧迫しているのか？　それがどう変化しそうなのか？」「そのなかでも具体的にどのプレイヤーのインパクトが一番大きいのか？」を読み解くことです。

多くの場合は、その業界の当事者という立場で分析することになると思いますが、得てして先入観が強く、全体像を冷静に見られなくなっているものです。したがって、ここでは可能な限り第三者的な立場に立ち、「これから参入を検討している部外者」の視点で物事を客観視すると効果的です。

ステップ⑤　今後の戦略立案

ステップ4までで現状を冷静に把握した後、戦略の方向性を考えていきます。「5つの力」は業界構造を分析するためのツールと言われており、それは一面として正しいのですが、実務に携わる立場としては、「うちの業界は儲かりませんね、大変厳しいですね」で終わっていいはずはないのです。最も大事なのは、自分たちの立ち位置を確認したうえで、「これからどうするのか？」を考えることです。当然ながら、ここまでの分析を生かさない手はありません。考えるべきは、「脅威の大きなハコの力はどうやったら弱めることができるのか？」「脅威が小さいハコは、いつまでも小さいままでいてくれるのか？　その脅威を維持させるためには何が必要なのか？」といった問いです。これらを考えることによって、初めてこの「5つの力」が実践的に使えるツールになっていきます。

代替品・新規参入の分析は入念に

さて、分析のステップを見てきましたが、そのなかで実務的に極めて重要なポイントを改めて強調しておきましょう。それは、「代替品」と「新規参入」の分析は丁寧にすべきということです。「買い手」→「業界」→「売り手」という横軸の流れは、一般的に「サプライチェーン」とも呼ばれ、業界としての生態系が成立しており、お互い取引先として持ちつ持たれつ、という関係にある場合が多いものです。したがって、脅威の大小はあるものの、この変化が急激に起こることは稀です。

むしろ変化が起きやすく、そのインパクトが大きいのは、「代替品」であり「新規参入」となります。これらのプレイヤーは、ある種の「部外者」であるために、すでにできあがっている市場のルールを荒らしてこそ利益を確保できるからです。

そして、そのなかでも特に重要であり難易度が高いのが「代替品」の脅威を読み解くことです。多くの場合、自分たちの業界における代替品は、実際にその脅威が目の当たりにならない限りは目に入ってきません。一方で、目の当たりになったときにはすでに手遅れになっている場合も多く、そのインパクトは大きなものがあります。たとえば、家庭用ゲームの市場の多くが、急遽出現したスマートフォンに奪われたのは記憶に新しいところです。

では、この「代替品」の脅威はどう読み解けばいいのでしょうか?

まずひとつ目のポイントは、PEST分析をしっかり行うことです。PEST分析とは、政治(Politics)、経済(Economy)、社会(Society)、技術(Technology)の頭文字をとったもので、世の中の変化をマクロ的な視点から分析するためのツールです。つまり、物事を近視眼的に見ていても「代替品」は見えてこないわけであり、「これからの世の中がどう変化していくのか」という視点から考える必要があるということです。

そして、もうひとつのポイントは、「顧客の片づけるべき用事から考える」ということです。これについては、第6章「集中戦略」において詳細に説明しますが、「顧客はドリルが欲しいのではない。欲しいのは穴である」という名言をイメージしていただくとわかりやすいと思います。つまり、顧客が片づけるべき用事というのは「穴のあいた板」を手に入れることであり、「ドリルを手に入れること」はその手段にすぎません。そう考えると、「すでに穴のあいた板」というものがドリルの代替品となり得るのです。

解説

「5つの力」の本質的な使い方を考える

さて、それでは黒川さんの事例を考えてみましょう。

まず、今回の件について黒川さんに問題があったとするならば、A社からの受注自体にあったのではなく、A社からの受注を受けるまでの間での物の見方が不十分だったということです。つまり、市場に参入するまでの冷静に考えられる期間に、このスマートフォン向けカメラ用モーター市場がどういう特性を持った市場なのか、何が大きな脅威なのか、そしてその脅威を弱めるために打てる打ち手は何なのかということを客観的に分析しておくべきでした。

実務の現場においては、冷静に客観的に「5つの力」を分析できるタイミングは極めて限られます。日常的に考えることができる人はよほどの暇人です。何らかの大きなターニングポイントでもない限り、まずは使う機会はないでしょう。そして、おそらく黒川さんにとっては、まさにA社の受注をするかどうかというタイミングこそが、冷静に考えられるギリギリのタイミングだったはずです。しかし、今回は、そのタイミングで受注金額の「引力」に引っ張られる形で走り出してしまったことに問題があったと考えられます。

「どの市場で自分は戦っているのか」から考え抜く

魅力度は当然ながら受注規模の大きさだけで決まるものではありません。関係するプレイヤーすべての力関係を理解しなくては、市場の魅力度は見ることができません。そして、それを考えるうえでもまず大事なのが、先述した市場定義です。

今回のこの市場の広がりは、日本市場だけの話ではなく、グローバル市場全体が相手です。となれば、考えるべき範囲は日本市場だけではなく、新規参入も買い手も売り手も、すべて含めてグローバルベースで検討しなくてはなりません。「日本だけ」のマインドセットで臨めば大きく足元をすくわれてしまうのです。

また、今回のこの市場は、顧客と供給先である自社の力関係からして、「買い手」の脅威が異常に高いということに気づきます。だとしたら、自社が参入するための要件として、「買い手」の交渉力を弱める施策を事前に戦略検討すべきだったでしょう。

たとえば、顧客にとっての付加価値を上げてスイッチングコストを高める、あるいはそれと併せて別の買い手を見つける、といったことです。A社の受注を獲得したこと自体よりも、A社からの受注だけに目を奪われて、脅威を弱めるための戦略立案を優先的に考えなかったことに問題があります。

また、当然のことながら、「買い手」の脅威だけではありません。この市場であればしっかり参入障壁の存在を考えることによって「新規参入」の可能性にも目を光らせる必要があったでしょう。

フレームワークによって「見えないことを見る」努力をする

我々は現場に立つと視界がものすごく狭くなります。それは仕方のないことです。それだけに、実際に行動に移す前にこの手の最低限の業界分析はしておくべきでした。そして、もし覚悟を持って飛び込むのであれば、「事が起きる前に、あらかじめ意図を持って何らかの手を打っておく」ことが求められます。これこそが「戦略思考」と言っても過言ではありません。

そして、「5つの力」に限らずですが、こうやってフレームワークを使って考えることの最大のポイントは、「ふだんは目に見えないものが見えるようになる」ことです。

つまり、我々が日常のビジネスに没頭している限りにおいて、たとえば新規参入や代替品の脅威などは、現実に何か起きるまではあまり目に映ってきません。より身近な競合の脅威、もしくは社内手続きなど、目の前の大きな心配事に心を奪われて、広い視点で見ることを忘れてしまうからです。我々の身のまわりには、視野を狭める引力が強烈に働いているのです。

だからこそ、大事な意思決定の前には、こうした「広い視点で俯瞰する」フレームワークを使って「無理矢理」視界を広げる必要があるのです。それによって初めて、今までまったく見えてこなかった潜在的な脅威が、顕在化される前に「見える」ようになるのです。

単に見栄えだけをよくする「お化粧」としての「5つの力」ではなく、本質的な使い方を身につけ、分析に基づいた戦略的行動につなげていただければと思います。

参考文献
マイケル・ポーター『新訂　競争の戦略』(ダイヤモンド社、1995年)
ジェイ・B・バーニー『企業戦略論【上】基本編』(ダイヤモンド社、2003年)
入山章栄『世界の経営学者はいま何を考えているのか』(英治出版、2012年)

第3章

顧客にとっての「価値の流れ」を設計する

バリューチェーン分析

ストーリー 健康食品メーカーの経理課長の悩み

金丸美恵子は、中堅の化粧品・健康食品メーカー、ナチュラル・ビューティー（NB）社に務める経営企画部・経理担当課長である。

競争の激しい美容・健康業界においてNB社は、丹念なモノづくりの精神に基づいた品質の高さに定評のある中堅企業であり、特定の顧客層からは根強い人気を得ていた。特にマス広告などはしてこなかったこともあり、「知る人ぞ知る」という企業であったものの、一度購入した顧客からは高いリピート率を得ており、これによって確実に収益を伸ばしてきた。

しかし、昨今NB社の業績に異変が起き始めていた。今までは売上げ、利益ともに年平均3％ずつの成長を遂げていたのだが、この数年、成長がぱったりと止まってしまったのだ。その背景にあるのは、既存顧客のリピート率は継続的に維持できているものの、新規顧客をほとんど獲得できていないという事実だった。

「よい商品をつくり続けていれば確実に売れる」という創業者の理念の下、愚直なまでにモノづくりにこだわっていたNB社では、マーケティングなどにはほとんど資金や人材を投下してこなかった。いわば顧客の口コミだけが頼りだったのだが、FacebookやTwitterなどを活用した競合のマーケティング戦略の陰に隠れて、まったく噂にも上らない存在になってしまったのである。

営業担当はこの状況に問題意識を持ち、「マーケティング担当の部署をつくり、新規顧客に対する認知度向上のために積極的に資金投下するべき」という意見を持っており、経営陣にもその考え方は共有されているようであった。

金丸は、その状況について、経理という立場から危機意識を持っていた。新規顧客の開拓に向けて資金投資することは賛成なのだが、新しく組織を立ち上げるとなると、人件費も増えることが想定されるし、広告費用なども増えることになる。つまり、固定費が増加することになる。

「この状況下において、固定費が増えることははたしてよいことなのか。マーケティングに投資したとして、その結果を刈り取れるのは何年後になるのか」と金丸は疑念を持っていた。

NB社は、このままでは次年度にも赤字に転落しかねない。イメージを大事にする同社にとって、決算での赤字転落が紙面に掲載されることは絶対避けたいことでもあった。

一方で、金丸にはひとつのアイディアがあった。それは、お客様窓口センターのアウトソーシング（外注）である。NB社は設立当初からお客様窓口センターを自社内に抱えており、現在も30名程度の社員が所属していた。しかし、この機能を社内に抱えておくことに金丸は疑問を感じていた。

顧客接点が大事なことは金丸もわかっていたが、お客様窓口センターは新商品が出た後などは忙しそうであるものの、繁閑の波が激しく、暇そうなときは稼働していないことも見受けられる。そして、クレーム処理など精神的に負荷のかかる業務も少なからず発生し、配属された社員の異動希望や転職者などが絶えなかった。

一昨年の異動で金丸の同期の佐藤順も同センターにおける管理職という立場で急きょ異動になったのだが、佐藤からはどれだけ職場の雰囲気が悪いか、愚痴を聞かされることも多かった。他方、最近はお客様窓口センター業務に特化した業者も出てきており、クレーム処理対応も含めて、その手のプロフェッショナルがいるということも聞いていた。

金丸は自分の仕事ではなかったものの、内々にアウトソーシング会社に連絡を取り、アウトソーシングをした場合の簡易見積もりを入手していた。その見積もりを踏まえると、コスト削減効果は想像以上に大きかった。金丸は確信した。「お客様窓口センターをアウトソースし、その資金でマーケティングに投資すべきだ」。

もちろん、より緻密な試算は必要だが、経営企画部長にぶつけてみる価値はありそうに思えた。長らく抱えてきたお客様窓口センターだけに、この意思決定が通るまでにはいろいろな障壁がありそうだが、このコスト削減の具体的な数値のインパクトに勝るものはないだろうと金丸は考えていた。

理論　バリューチェーン分析は企業内部の各機能の流れ・つながり方に着目した分析

たとえば、皆さんが自分の会社、もしくは競合のとある企業を分析する必要が出てきたとしましょう。皆さんはどのようなアプローチで会社を分析するでしょうか？

「企業分析」と言葉で聞く分には簡単ですが、実際にやってみるのは相当難易度が高いことです。財務的な視点から見るべきか？　人材に着目して見るべきか？　はたまた提供している商品やサービスの側面から見るべきか？

企業というものはかなり複雑な構造によって成り立っているので、どこに焦点を当てるべきか、どういう切り口で見るべきかということを考えただけでも、何から手をつけたらよいのかわからなくなります。

本章でご紹介するバリューチェーン分析は、企業がお客様に対して提供している価値（バリュー）が、具体的にどの機能や活動の流れによって生み出されているのかということに着目して分析するアプローチです。

もう少しわかりやすく言えば、「企業が持っているもの」や「提供しているもの」に着目するのではなく、「企業内部のそれぞれの機能の流れ・つながり方」に着目した分析と言えます。

このバリューチェーンという概念は１９８５年に出版されたマイケル・ポーターの『競争優位の戦略』に遡ります。ポーターは、企業を分析するに際して、企業が提供している顧客価値を起点に、それがどのようなプロセスで価値提供に至っているのかを考えるべきであるとしました。

具体的には、その価値提供に対して直接的に貢献している機能を「購買物流」「製造」「出荷物流」「販売・マーケティング」「サービス」という５つに、そしてその価値を間接的に支援している機能を

図表3-1　バリューチェーン分析

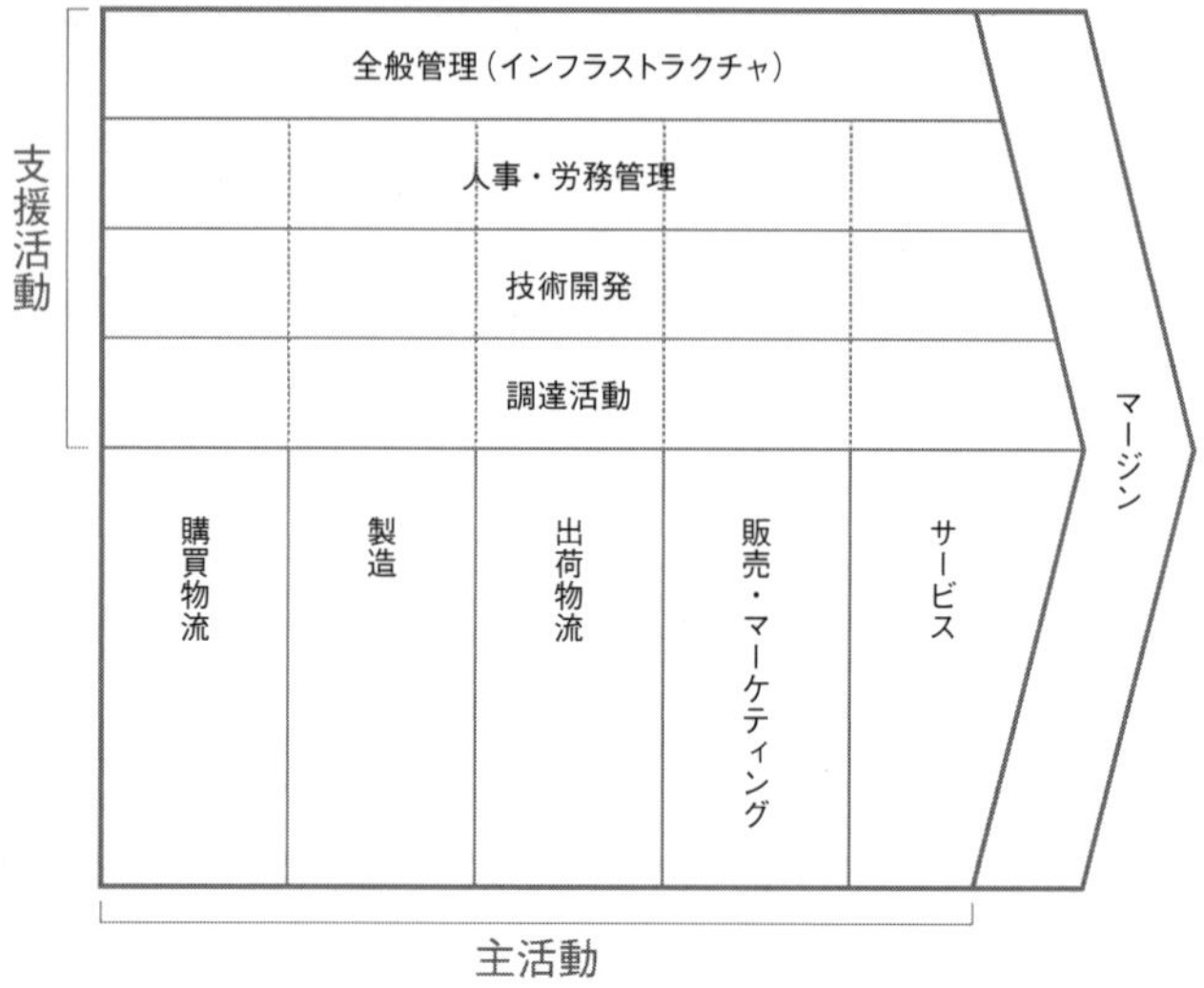

図表3-2　変形版バリューチェーン分析

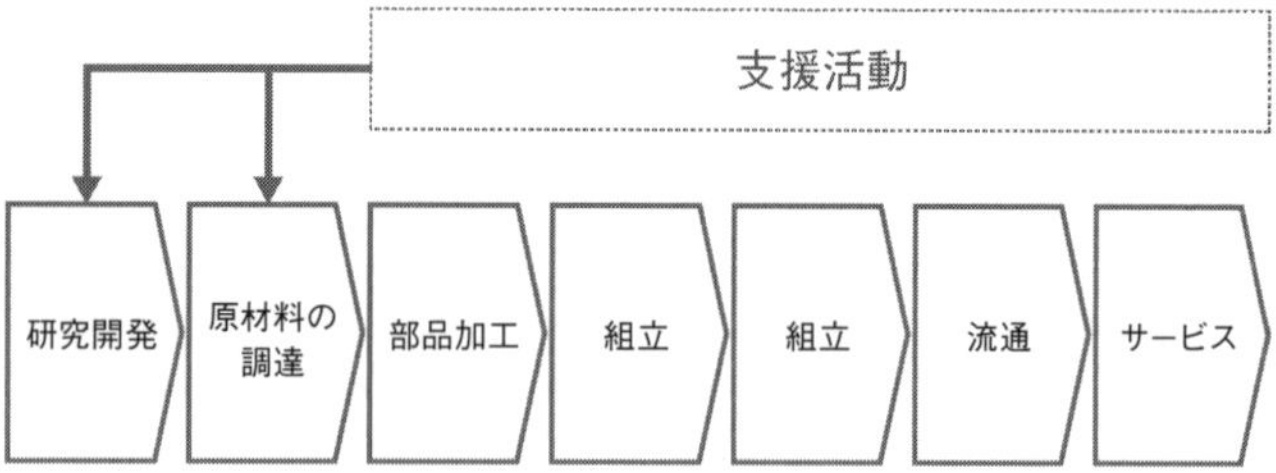

「全般管理」「人事・労務管理」「技術開発」「調達活動」の4つに分解しました。そして、顧客に提供しているトータルの価値から、その9つの活動の総コストを引いた値（＝図表3-1の「マージン」に該当）が、その企業が生み出している価値であると定義しました。

以上が『競争優位の戦略』にあるバリューチェーン分析の内容ですが、現実的には、これを自分なりに加工して使うのが一般的です。

たとえば、図表3-2のように、主活動や支援活動を区分せず、また主活動5つ＋支援活動4つという分類項目にこだわることなく表現するパターンです。

こうした分析は、ポーターの原典に照らし合わせればバリューチェーン分析とは異なるのですが、*バリューチェーン分析の本質である「企業内部の機能の流れ・つながり方を分析する」ということに立ち戻れば許容範囲と言えるでしょう。本書でも、こうした企業内部の価値連鎖を表現するものをすべて含めてバリューチェーン分析として包含します。

＊厳密に言えば、ポーターの定義した「バリューチェーン分析」以外にも、似たような価値連鎖の概念を表すものとして「バリュー・システム分析」「ビジネス・プロセス分析」「サプライチェーン分析」などが存在します。本書ではそれらの定義は専門書に譲り、実務的観点から、すべてを含めてあえて「バリューチェーン分析」と定義しています。より専門的なことを理解されたい方は、マイケル・ポーター著『競争優位の戦略』、伊丹敬之著『経営戦略の論理』などをご覧ください。

図表3-3　マクロレベルからミクロレベルのバリューチェーン

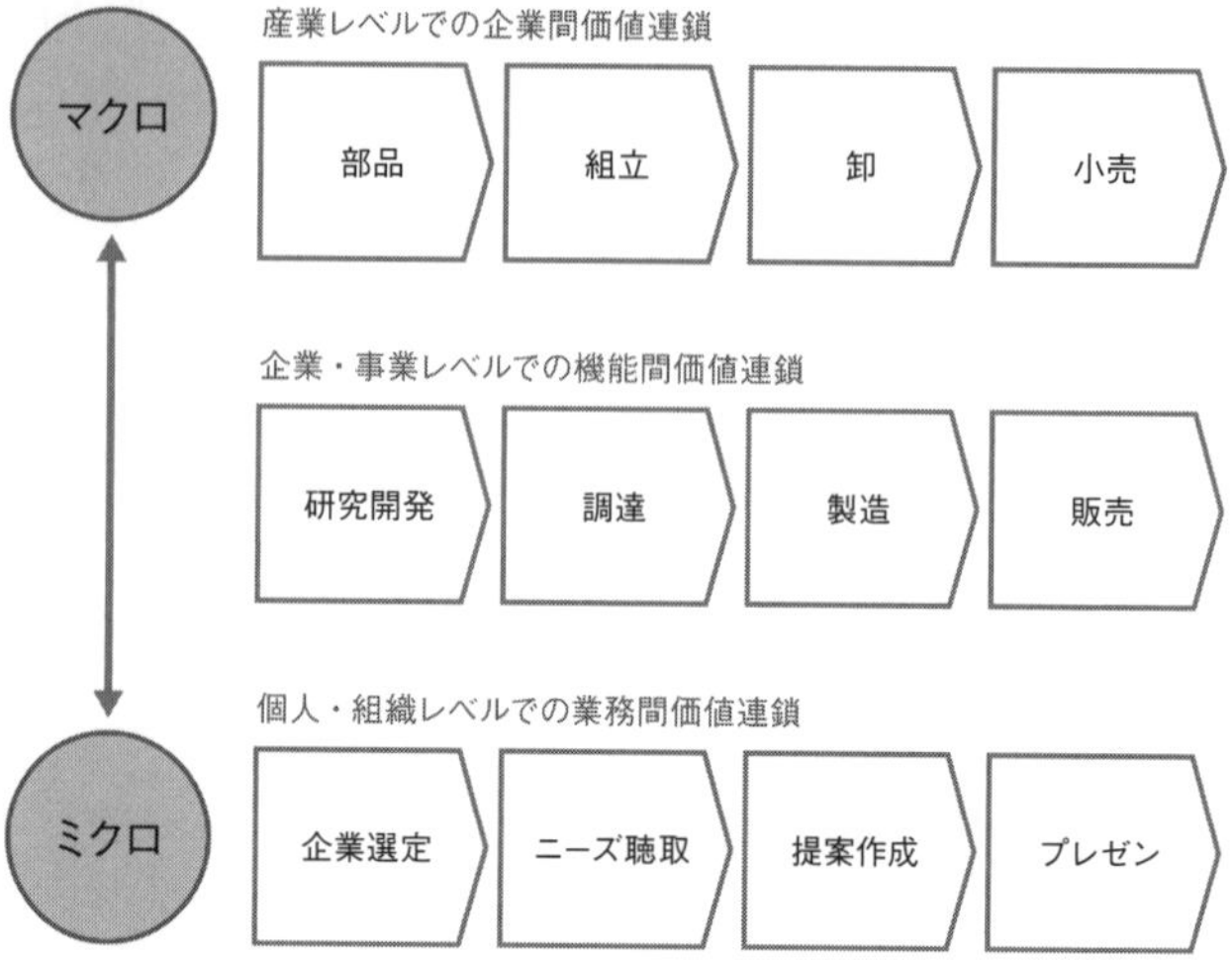

バリューチェーンにはいくつかのレベル感がある

さて、その前提でバリューチェーンを考えた際、マクロレベルからミクロレベルまでさまざまな視点でのバリューチェーンが考えられます。

マクロレベルで言えば、産業レベルでの価値の流れを表現したものがこれに当たります。たとえば自動車産業は、自動車メーカーのみならず、多くの業界の連鎖によって構成されています。一企業を超えた産業全体を俯瞰的に眺め、どの土俵（ドメイン）で戦うのかを考えるのに適しています*。

そのひとつ下の階層としては、具体的な企業、もしくは事業レベルでの価値連鎖を考えるものがあります（これがポーターの定義するバリューチェーン分析に該当します）。企業や事業がどのような付加価値を提供し、どこにコストをかけているのかを分析するものです。最もミクロな視点が、業務の価値連鎖を考えるものです。個人や組織レベルでの活動を詳細に分解し、どこに課題点があるのかをあぶり出し、改善につなげます。

身近な業務プロセスとポーターのいう戦略論の「バリューチェーン」をまとめて語るのは無理があるように感じる人がいるかもしれません。ただ、以下に記すとおり、顧客に提供する価値から考えて、必要な機能の流れを分解していくこと自体に本質的な違いはありません。

産業や企業レベルでのバリューチェーンがイメージしにくい方は、まずは身近な業務プロセスを題材に考えていただくと早いと思います。

＊このように戦うべき土俵を考え、ダイナミックにそれを絞る、広げる、といったことによって競争戦略を立てて行くことを、ボストン コンサルティング グループは「デコンストラクション戦略」として提唱しています。『BCG戦略コンセプト』に詳しく書かれていますので、興味のある方はご参照ください。

顧客価値を起点にステップを踏んで考える

バリューチェーン分析をどのように進めるべきなのかを考えてみましょう。具体的には、以下6つのステップで考えるのが基本です。

ステップ①　顧客価値の理解

「バリュー」チェーン分析である以上、まずは提供している価値（＝バリュー）そのものを理解することが起点となります。

我々が価値提供をしている相手を見定めて、具体的にどのような価値を提供しているのかを把握しましょう。たとえば「自分の組織は、顧客（場合によっては自分たちの後工程の組織）のどのような課題を解決しているのか？」ということを問いかけてみるといいでしょう。その解決しているものこそが、ここで言うところの「顧客価値」に該当します。

ステップ②　行動ベースの分解

顧客価値を理解したところで、その価値提供のために自分たちの組織がやっていることを行動ベースで分解してみます。ただし、ここではあまりに細分化しても意味がありません。後工程で具体的な事実やデータを洗い出す作業がついてくるからです。つまり、事実やデータの裏づけができないような行為まで分解しても単なる自己満足に終わる可能性があるのです。せいぜい10個までの分解にとどめるのが実践的です。

ステップ③　支援活動の定義

次のステップで大事なのが支援活動の定義です。もう一度、自分たちの組織が提供している価値と

図表3-4　バリューチェーンを活用したコスト構造分析

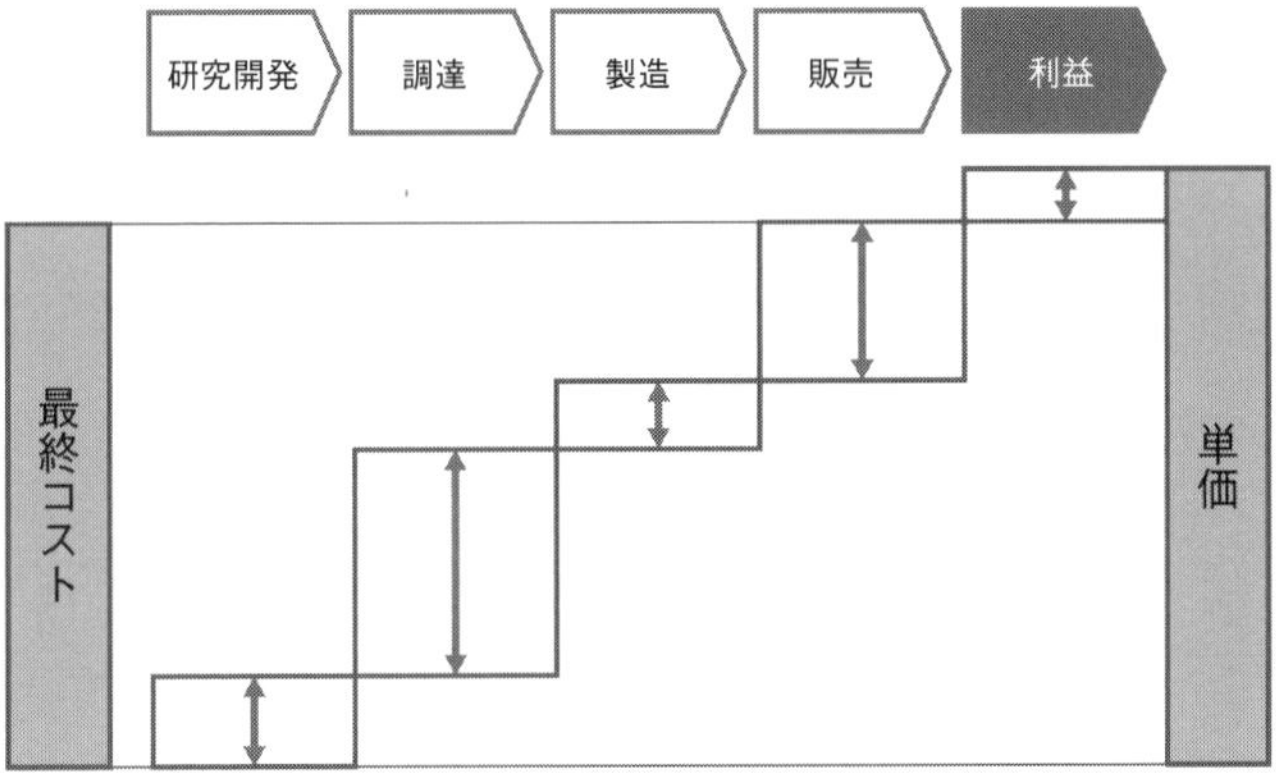

行動を見つめ直してください。その行動「だけ」で価値提供を継続的に続けられるでしょうか？　おそらく、価値提供に必要ではあるけど行動には含まれないことが存在するはずです。

イメージしやすいようにミクロレベルの話で考えてみましょう。お客様に自動車を販売する自動車ディーラーの営業業務を考えてみます。

顧客に対して最もニーズに即した車種とアフターサービスを提供するという価値に対して、その行動は「顧客のニーズの引き出し」→「適切な車種の提案」→「試乗案内」……といったいくつかのものに分かれます。これらの行動はすべて直接的に価値貢献につながるのですが、たとえば社内ＩＴインフラなどは、顧客の価値提供にはダイレクトにはつながらない一方で、価値提供に必須な仕組みであることは間違いありません。このような視点で、価値を提供するうえで「行動」以外に必要な差分をインフラとして明記しておきましょう。

ステップ④　比較対象を定義する

そのうえで、何と比較するのかを考えましょう。この分析は、「わが社もいろいろ大変です」といったことを言うためにあるのではなく、最終的に課題をあぶり出し、そこから何をすべきかという示唆を導き出すためのツールです。そのためには、比較対象を明確に定め、相対的に評価する必要があります。競合や、成績の優れた他部署、過去の一時点など、何らかの比較対象が必要となります。

ステップ⑤　事実やデータを洗い出す

そのうえで、事実にあたりましょう。たまにこのプロセスをすっ飛ばして「感覚的に」表現されたバリューチェーンがありますが、ほとんど意味がありません。より具体的な行動につなげたいのであれば、事実やデータをベースに語らなければ迫力がありません。

ではデータとは何かと言えば、具体的に取得できるのは多くの場合は「コスト」もしくは「時間」になるでしょう。具体的にその機能や行動に対して、どれくらいのコストや時間等がかかっているのかを数値で示しておくことが求められます。

ステップ⑥　示唆を考える

そして、最後にここまでの分析結果を踏まえて示唆を考えます。具体的には課題点を明確にし、打つべき施策を考えていきます。

「進むべき方向性」を描いていなければ、単なる「効率化」のための分析で終わってしまう

さて、ステップを踏んで考えてきましたが、実際にやってみるとそんなに簡単な話でないことに気づきます。特に、最後の示唆を出すところは非常に簡単に書きましたが、これを考えることこそがキモになるので、示唆を見出す際のポイントを2点ほどお伝えしましょう。

先に、事実やデータをベースに議論をする必要がある、ということを書きましたが、そこで集められるデータは、たいていはコストに関するデータが中心となります。そうなると、どうしても相対的にコストがかさんでいる部分に目がつき、そこを削減しようとか、外注（アウトソース）しようという議論になりがちです。もちろん、最終的にはそれで正しい場合も少なくありません。

ただ、安易に効率化の議論に入ってしまうのは危険です。なぜならば、そうやってコストをかけることがその企業にとって意味のあることかもしれないからです。

つまり、バリューチェーン分析「だけ」で何かの意思決定をしようとするのではなく、「将来的に何を目指すのか?」「どんな戦い方をするのか?」「顧客にとってどんな価値提供をしていきたいの

か？」といった進むべき方向性とセットで考えなくてはなりません。

当然ながら、目指すべき方向を定義すれば、「その方向に進むために重要な組織の力」が自ずと明らかになります。たとえば顧客に対する柔軟な課題解決力で勝負しようとしている企業にとっては、何よりも現場最前線の営業担当やコンサルタントの提案力は必要不可欠になります。当然、短期的にそこに競合よりも時間やコストがかかっているからと言って「コストがかかっているから集約して外出ししよう」とはならないわけです。

では、その進むべき方向性はどうやって考えるべきなのでしょうか？　それを考えるためには、バリューチェーン分析の前に、企業レベルで言えば第1章で説明した「3C分析」などのより広い視点での分析が必要になるでしょう。ミクロレベルでの業務プロセスの話であっても、組織としてのビジョンや方針とのすり合わせが必要なのです。

バリューチェーン分析を具体的なデータに基づいてしようとすればするほど、「現時点」の「目に見える」ものに頼ることになります。しかし、それだけに頼ると「効率化」の意思決定しか促進されません。その危険性を意識して、まずは進むべき方向性を考えたうえで示唆を見出すことが重要です。

裏側に「流れるもの」を考察しないバリューチェーン分析は危険

もうひとつ指摘しておきたいのが、バリューチェーン分析においては「その裏側に流れるもの」を意識すべきということです。

バリューチェーン分析の本質は、事業活動という塊のものを細かく切り刻んで分析することです。しかし、事業活動は複雑な生命体のようなものであり、仮に課題が見つかったからと言ってそこだけ取りかえれば解決するというものではありません。

当然その前後にも問題がある可能性もあるため、レゴブロックのように簡単に取り外したり組み換えたりできるものではないのです。その意思決定においては、バリューチェーン全体のつながりや流れのような「見えないもの」に対する考察が必要になります。

伊丹敬之教授は、『見えざる資産の戦略と論理』という書籍で、「企業のなかの仕事の場で人々が働いていると、その仕事の場ではふつう、3つのものが同時に流れている。それは、カネ、情報、感情である」と述べています。

「カネ」についてはわかりやすいでしょう。何らかのサービスや商品を考え、それを販売し、その結果として顧客からの対価（＝カネ）が循環していくということはイメージしやすいと思います。

忘れてはならないのは、それと同時に、バリューチェーンの各機能間には「情報」や「感情」も循環しているということです。顧客とのコミュニケーションによって情報を得て、それを開発につなげ、製品が生まれる過程でその必要情報がまた下流に流れていく。そして、そうした仕事の過程で人々が喜びや悔しさなどの感情を持ちながら仕事をしているということです。リアルな人間集団だからこそ、情報や感情という目に見えないものの相互作用が起きており、それが経営というものを形づくっているのです。

しかし、カネとは違い、情報や感情は、組織の壁に非常に弱い（＝組織をまたぐと変質してしまう）ということや、誰が伝えるかによって変化してしまう、という非常にやっかいな性質があります。つまり、バリューチェーンの上流から下流までが長い企業や各機能間の敷居が高い企業は、その流れが容易に行き詰まる、もしくは変質して伝わる可能性が高いのです。

バリューチェーン各機能間の誤解や不和、不整合などは、こうした目詰まりによって起こります。それを前提に考えると、バリューチェーンのある部分を他社にアウトソースすることや、海外に持っていくことは、情報や感情の流れが切り離されやすくなるということです。したがって、もしそのような意思決定をするのであれば、具体的に誰が、もしくはどういう組織が情報の流れに責任を持ち、具体的にどのタイミングやどういう場でどうやって情報を流通させていくのかを同時並行で真剣に考えなくてはならないのです。

解説　バリューチェーン分析の落とし穴を避ける

これらの視点に基づき、金丸さんの提言内容を見ていきましょう。今回の金丸さんの提言は「コスト削減のためのお客様窓口センターの外注」でした。

ただ、最初に考えるべきは、NB社のそもそもの戦略であり、それに必要な組織としての構えについてです。NB社は今までは限定された市場のなかでの付加価値商品によって一定の勝ちパターンを築いてきました。しかし、今後についてはどのような戦略を描いているのでしょうか。

「もっと顧客基盤を広げていきたいのか。それとも同じセグメントのなかで今の規模を維持していきたいのか」

そして、

「もしそうだとしたら競合が入ってきているなかでどう戦いたいのか」

「そのためにはどういう組織の構えが必要であり、そのためにどういうバリューチェーンであるべきなのか」

そうした「そもそもの戦い方」から「バリューチェーン」という流れでの設計がなされていないことに問題がありそうです。このように上位概念不在の状態になると、各バリューチェーンの利害関係者それぞれが、「短期的」かつ「自分の組織の理屈で」意見を主張しはじめ、結局、本来の戦略とは無関係のところでバリューチェーンが定義されるということが起きがちです。

今回、金丸さんはお客様窓口センターの外注を提言しようとしていますが、ここに利害が絡む人、たとえばお客様窓口センター長は、社員の雇用のことを考えて徹底的に反対する可能性が高いでしょう。こうなると、あるべき戦略とは関係なく、いかに組織のメンツを保つのかという戦いに陥りがち

図表3-5　戦い方からバリューチェーンへ

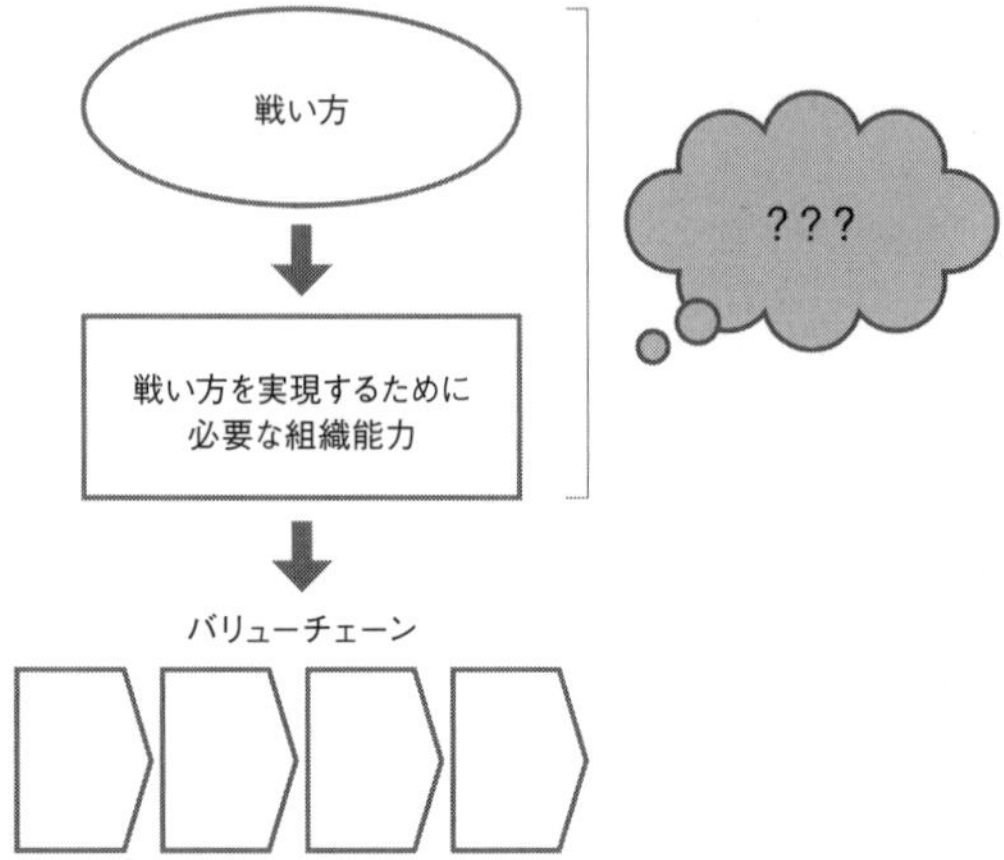

です。

そうならないためにも、もし金丸さんが本気でこの施策を検討するのであれば、もっと視座を高めた「長期的なNB社の戦い方」、そして「そのために必要な組織能力」を真剣に考え、それをベースに議論を進めるべきと言えます（なお、組織能力については、第4章「差別化」の章で具体的に解説します）。

バリューチェーンの全体像を考える

そのうえで、今回の提案のアウトソーシングについては、もう少し全体像を見て検討を深める必要があります。

確かにお客様窓口センター自体は非効率になっているかもしれませんが、そもそもこの事業の価値提供の流れの全体像がどうなっており、本当に

図表3-6　NB社のバリューチェーン

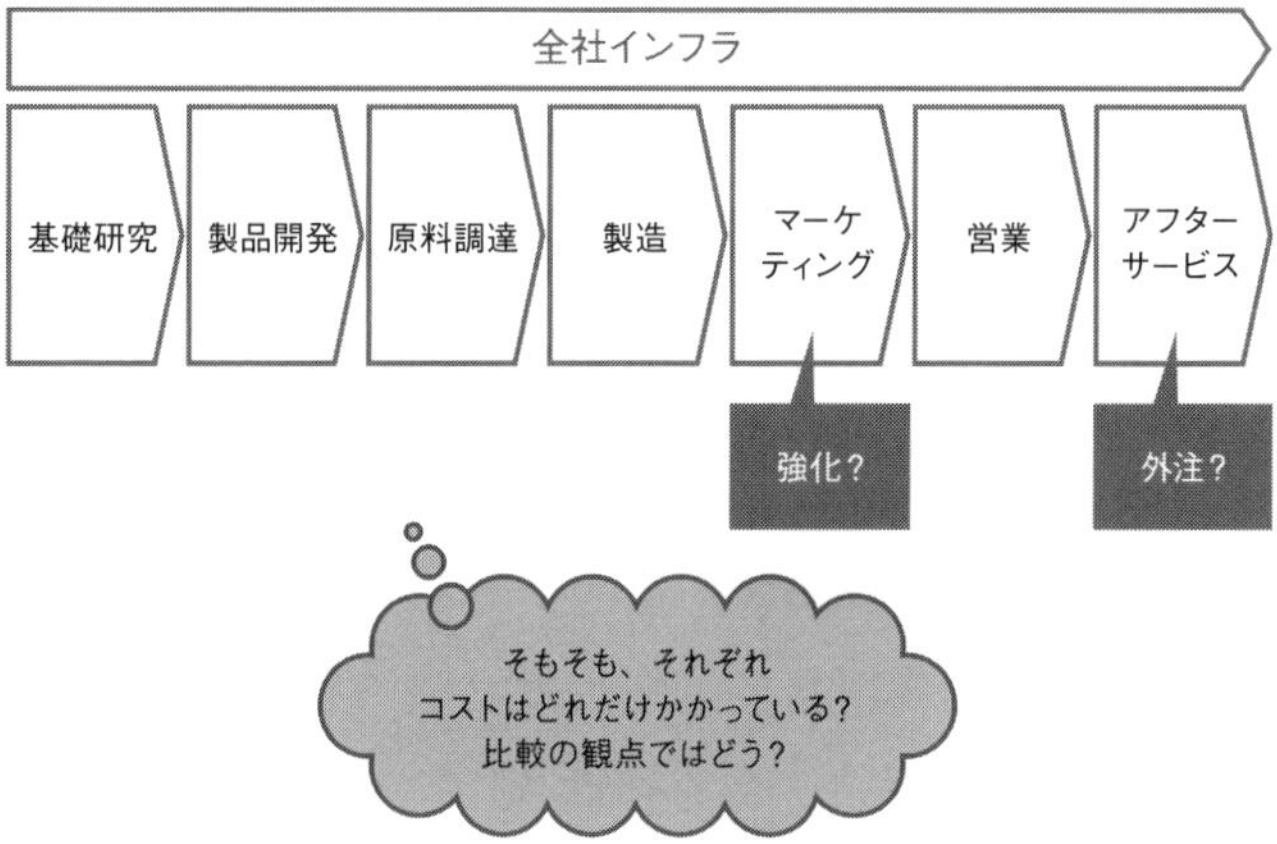

お客様窓口センターが最も重要な課題なのかを考える必要があります。少なくとも、同事業のバリューチェーンのあるべき像を定義し、そして「お客様窓口センターの外注ありき」ではなく、全般的な視点でデータをもとに検討する必要があるでしょう。

おそらく、金丸さんにとっては、アフターサービスが非常に目につく存在だったのだと思いますが、「目につかないからといって課題がない」ということではありません。全体感のない局所的な提案は、「思いつき」と言われても仕方ありません。

もちろん、アフターサービスの外注ということを仮説として持っておくこと自体は否定しません。しかし、それはあくまでも仮説であり、仮説は検証してこそ意味があります。そのためにも、全社の機能の流れをまずは定義し、それぞれの機能において比較対象とともにコストなど具体的なデータを揃えて検証する必要があったのです。

バリューチェーン分析は、単独で使うのではなく、他の分析と組み合わせることによってその効果を発揮するものです。3C分析や5つの力分析などをうまく組み合わせながら活用してみてください。

また、必ずしも企業レベルだけではなく、身近な身のまわりの業務でもその縮小版としての活用が可能です。まずは自分にできる範囲で価値の「流れ」を整理してみることをお薦めします。

参考文献

マイケル・ポーター『競争優位の戦略』（ダイヤモンド社、1985年）

伊丹敬之、軽部大『見えざる資産の戦略と論理』（日本経済新聞出版社、2004年）

伊丹敬之『経営戦略の論理　第4版』（日本経済新聞出版社、2012年）

水越豊『BCG戦略コンセプト』（ダイヤモンド社、2003年）

第Ⅱ部

戦略の「パターン」を理解する

ポーターの3つの基本戦略

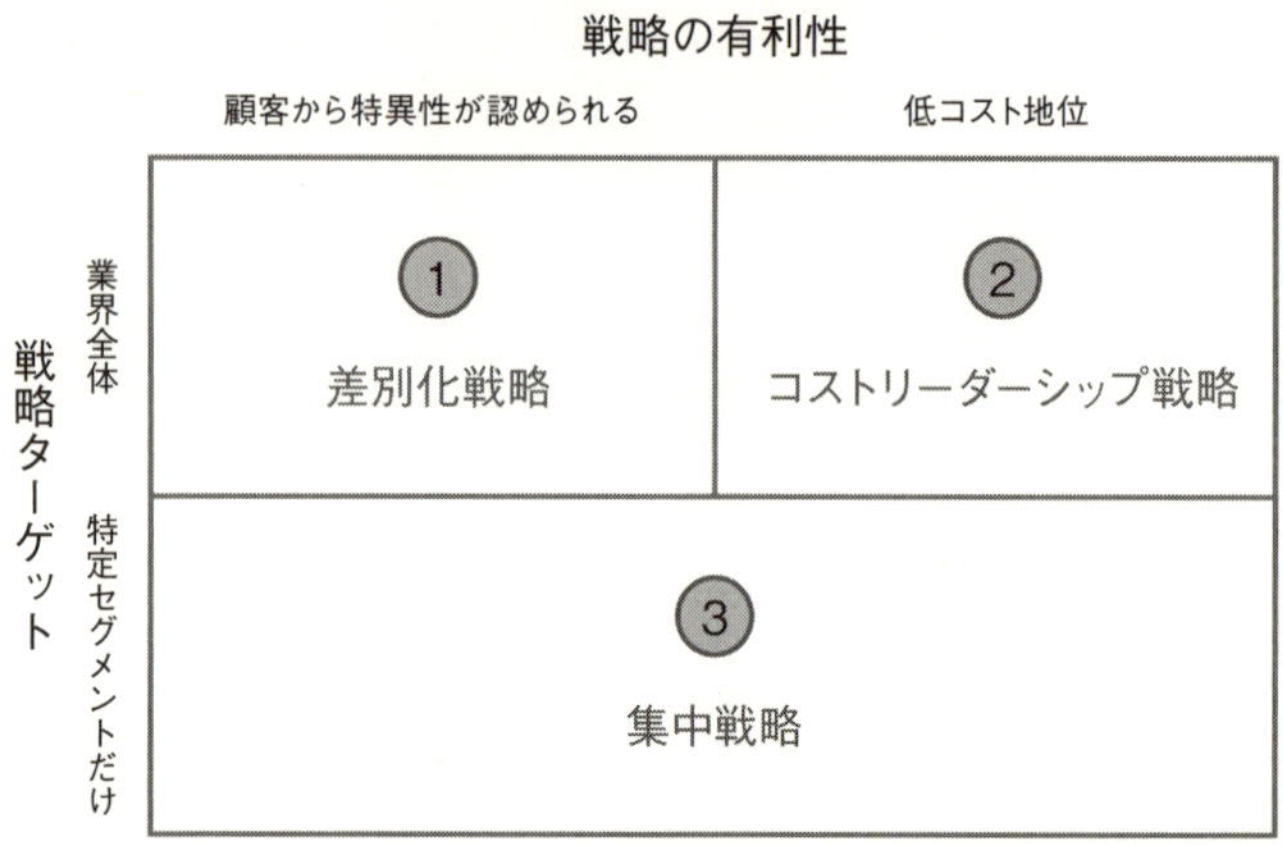

＊マイケル・ポーター著『新訂　競争の戦略』(ダイヤモンド社、1995年)より

極めて普遍的なポーターの「3つの基本戦略」

第Ⅰ部で戦略を分析するために必要なフレームワークを理解していただいたうえで、第Ⅱ部では「どんな戦略を取るべきか」という問いに答えるための戦略パターンについての理解を深めていきたいと思います。

ここでは再びマイケル・ポーターが提示した概念をベースに考えていきます。具体的には、「3つの基本戦略」と言われる、「差別化戦略」「コストリーダーシップ戦略」「集中戦略」です。

これは、横軸に「戦い方の特徴」、縦軸に「戦う場の広がり」を定め、戦略の方向性を大まかに3つに区分したものです。

この概念はすでにご存知の方も多いと思いますが、昔から広く認知されているがゆえに、

「古臭い」「もう現在には通用しない」と言われがちです。しかし、ここで定義されている「基本戦略」は、極めて当然のことしか言っておらず、それゆえに時代が変わろうが普遍性の高い考え方です。ただ、私が大学院や企業内研修の現場で接している限りにおいては、残念なことに、その本質的な考え方が勘違いされていることが少なくありません。

そこで、各論に入る前に、まずこの考え方がなぜ普遍性が高いのかご説明したいと思います。

「利益」＝「価格」－「コスト」がすべて

この考え方を正しく理解するためには、「利益」に着目する必要があります。先にも少し触れましたが、利益算出のための公式は（1ユニット当たりの場合）、

「利益」＝「価格」－「コスト」

となります。

戦略を立てるということが、「継続的に利益を上げ続ける」ことを目標にしているという大原則に立ち戻れば、この利益の方程式をベースに考えると、戦略の方向性はシンプルに2つしかありません。

①高価格を許容してもらえる状態をつくること
②低コストで対応できる状態をつくること

利益を上げる2つの方向性

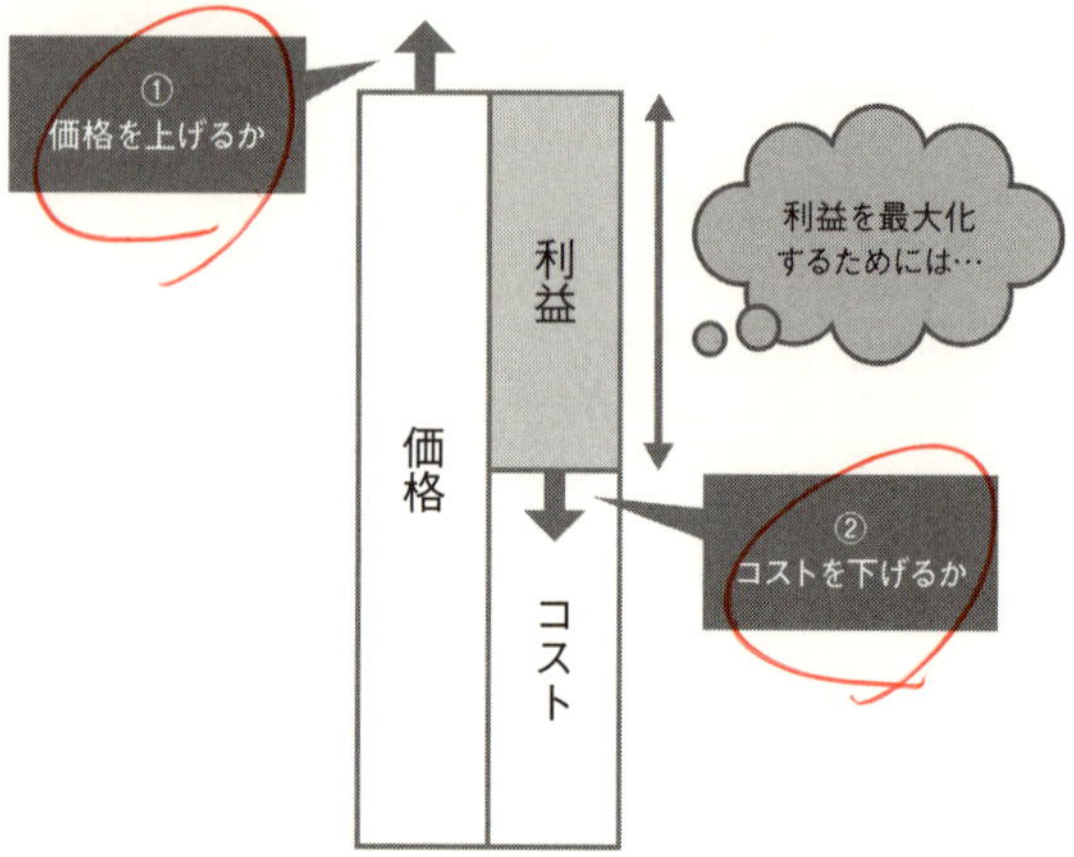

そして、この「高価格を許容してもらえる状態をつくる」のが「差別化戦略」であり、「低コストで対応する状態をつくる」のが「コストリーダーシップ戦略」になります。

ここで勘違いしてはならないのが、「コストリーダーシップ戦略」＝「低価格戦略」ではないということです。コストリーダーシップの本質は、コストの話であり、価格の話ではありません。当然、「表面的にはちっとも安く販売していない（場合によっては高値で販売している）コストリーダー企業」というのも存在します。

結局のところ、「どのようにして利益を上げるか」という原点に立ち戻り、シンプルに、価格を上げるのか、コストを下げるのか、という方向性を理解するようにしてください。

ちなみに、理屈のうえでは、「差別化戦略」と「コストリーダーシップ戦略」は同時に行うこと

戦い方のオプション

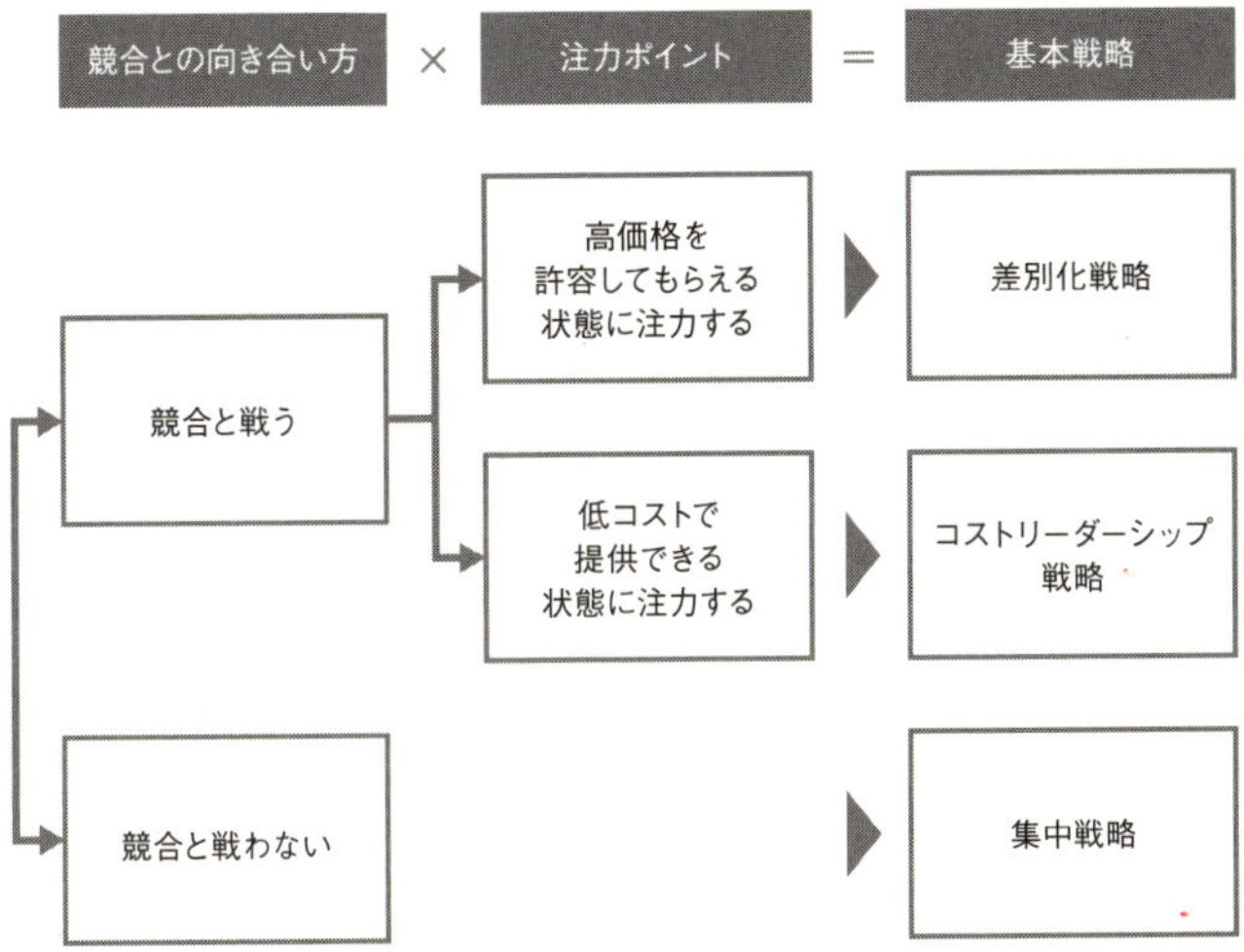

も可能です。先にも述べたとおり、顧客に対して高価格を提示しつつ、その裏側で圧倒的な低コスト構造をつくることは不可能ではないからです。

しかし、ポーターは「これが両立するのは稀である」と述べています。なぜならば、たとえば、大規模な研究活動や高品質の素材、優秀な人材の配置など、差別化のために必要な活動は本来コストがかさむものであり、コストを切り詰めることで利潤の確保を狙うコストリーダーシップ戦略とは両立しにくいからです。

また、実際に両立している事例も少なからず存在しますが、これが初めから「戦略として両方を狙っていたのか」となると話は別です。むしろ、そのようなケースも多くの場合は、「差別化を狙っていったところ、結果的にシェアを獲得し、コスト競争力もついてきた」というのが現実的でしょう。

ポーターは、中途半端に二兎を追うことによって、戦略の方向性がぶれ、どっちつかずになるということを、「stuck in the middle」と呼び、その危険性を指摘しています。

まずは、高価格に注力して利益を狙うのか、それともコストサイドに注力するのか、どちらかに絞るという大原則を理解してください。

さて、残る「集中戦略」とは何かという話ですが、これはそもそも価格やコストといったことを考える前に、「戦わないことを選択する」という戦い方です。つまり、「戦わずして生きられる土俵選択」が戦略のすべてであり、それ以上のことは基本的にあまり考えない（考えなくても済む）、ということです。ここに「集中戦略」の本質があります。*

冒頭に述べたとおり、この「3つの基本戦略」は、極めて当たり前のことを説明しているがゆえに、どの時代やどの業界においても適用できる普遍性の高い概念です。

しかし、具体的な戦い方を考えるためには、原理原則を深く理解し、そして時代や業界に合わせて考えて行く必要があります。そんな理解を前提に、現場のミドルリーダーたちがこれらの戦略のパターンをどのように活用していけばいいのか、深く考えていきましょう。

*集中戦略のカテゴリーのなかに、「差別化集中戦略」や、「コストリーダーシップ集中戦略」という戦い方を定義する場合もありますが、厳密に考えれば考えるほど、「差別化戦略」や「コストリーダーシップ戦略」との区別がわかりにくくなります。シンプルに「差別化」「コストリーダーシップ」「集中」という3つで考えるのが実践的でしょう。

第4章

意味のある「差」をつくれるか?

差別化

ストーリー　大手焼肉チェーンのエリアマネジャーの悩み

大手焼肉チェーン「ぎゅうにく亭」を運営するナショナルフードの月例業績ミーティングは混迷を極めていた。この月例ミーティングではエリアマネジャーや経営企画担当が集まり、各店舗の業績をレビューするとともに今後の具体的な方針を議論することが慣例となっている。

「ぎゅうにく亭」の昨今の業績は決して芳しいものではなかった。業界全体では、ＢＳＥ問題に始まり、震災の影響を大きく受け、さらに集団食中毒問題などでいっそうの客離れが進んでいる。結果として焼肉業界の市場規模は、毎年マイナス成長という厳しい市場環境に陥っていた。そして、消費者の低価格ニーズの高まりに合わせるように、ローカルチェーンや個人経営の焼肉店は率先して低価格化に走っていた。

そのような市場環境や競合との戦いの結果として、業界最大手である「ぎゅうにく亭」の各店舗の業績も大きくあおりを受けていた。競争の激しい店舗は売上げが半減することもあった。

そうしたなかで、昨今の月例ミーティングの主なテーマは「差別化」であった。「競合に対してうまく差別化できていない」という問題意識の下、どう差別化していくべきかということが議論の俎上に上がることが多くなっていた。そして、今回の月例ミーティングは、いつになく白熱していた。

今期、自分の担当エリア店舗の業績が最下位になりそうな岩永信二は、白熱する議論をうわの空で

図表4-1　書き出されたポジショニングマップの例

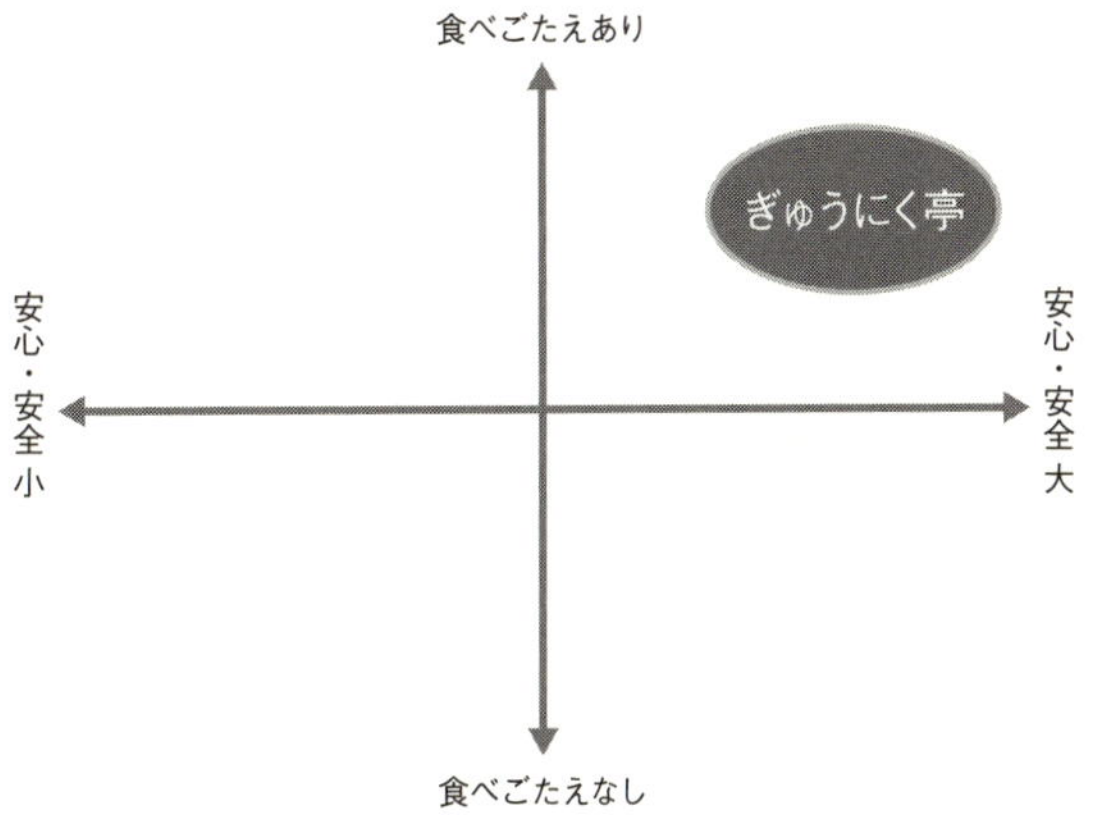

聞きながら、自分のエリアにおける戦いについて思いを巡らせていた。

「うちのエリアの焼肉店の競合は、競合大手チェーンの『一番苑』、ローカルチェーンの『焼肉sizzle』、そして個人経営の店舗がいくつか。なかでも『一番苑』は、売上げの悪い既存のブランドを、新たに出した低価格ブランドに入れ替えていて、それにかなり押されているという情報も入ってきている。さて、どうやって戦うべきものか……」

経営企画担当のリーダーたちは、「ポジショニングマップ」というツールを活用して、自分たちの立ち位置をどこに置くのかということを議論しているようだ。

「たとえば、食べごたえという軸と、安心・安全という軸で整理すると、うちは競合に対してまだ差別化できるはずだ。低価格化の勝負に乗るのではなく、たとえば肉の厚さを競合より2ミリ厚くして食べごたえを感じてもらうことで戦うことは十分可能だと思う。また、大手のメリットを生かして独自の安心・安全基準を打ちだして訴求するということもできるだろう」といって2軸を書きながら整理をしていた。

「まあそれもありだとは思いますが、やっぱりこの時代、価格を訴求すべきじゃないですか？　うちは業界1位であるからまだ体力はあるし、価格競争に対して本気になれば、競合は間違いなくついてこられなくなると思いますけど」

「いや、それより新商品開発のスピードで差別化すべきじゃないですか。競合に比較して新しいメニューが出てくるのが遅すぎるので、一度来たお客様も飽きて来なくなっちゃうと思うんですよね」

議論は白熱していたが、岩永はどれも差別化にはならないだろうと直観的に感じていた。岩永はふと思った。「差別化」ってみんな簡単に言っているけど、そもそも差別化とは何だろう？　セオリーってあるんだろうか？

理論

「差別化」という言葉が日常化しつつある時代の差別化

ここでは、「差別化」、もしくは「差異化」という言葉を取り上げます。皆さんも何気なくこれらの言葉を使ってはいないでしょうか。

「この商品の差別化のポイントは何だ?」

「うちはもっと差別化戦略を推進しないと、コストに勝るアジア諸国の競合に勝てない」

といったように、「差別化」という言葉が日常化しており、それゆえに言葉の意味自体を深く考えることもなくなっている方が多いように思います。

なぜ「差別化」が当たり前になってきたのか? その背景にはいくつかの要因があります。

まず、そもそも日本市場が全体的に頭打ち、成熟化傾向を迎えており、このなかで成長するには競合と同じことをやっていても勝ち目がないということがあります。つまり、昔のような横並び意識から脱却し、何か少しでも競合と違うことをしなくてはならないという思い(焦り)があるのでしょう。

そしてもうひとつは、中国を代表とするアジア諸国に価格競争力で太刀打ちができず、必然的に何らかの付加価値をつけたプレミアムポジションでの差別化が戦略の大前提になりつつあることです。

これらの要素が相まって、我々が戦略を考えるうえで、「差別化」という概念は必要不可欠、もしくは今さらそんなことを語るまでもないという状況になっているのではないかと思います。

しかし、この「差別化」という言葉の意味やセオリーは意外に深いものがあります。本章ではそれを丁寧に考えていきます。

図表4-2　外側と内側の連携

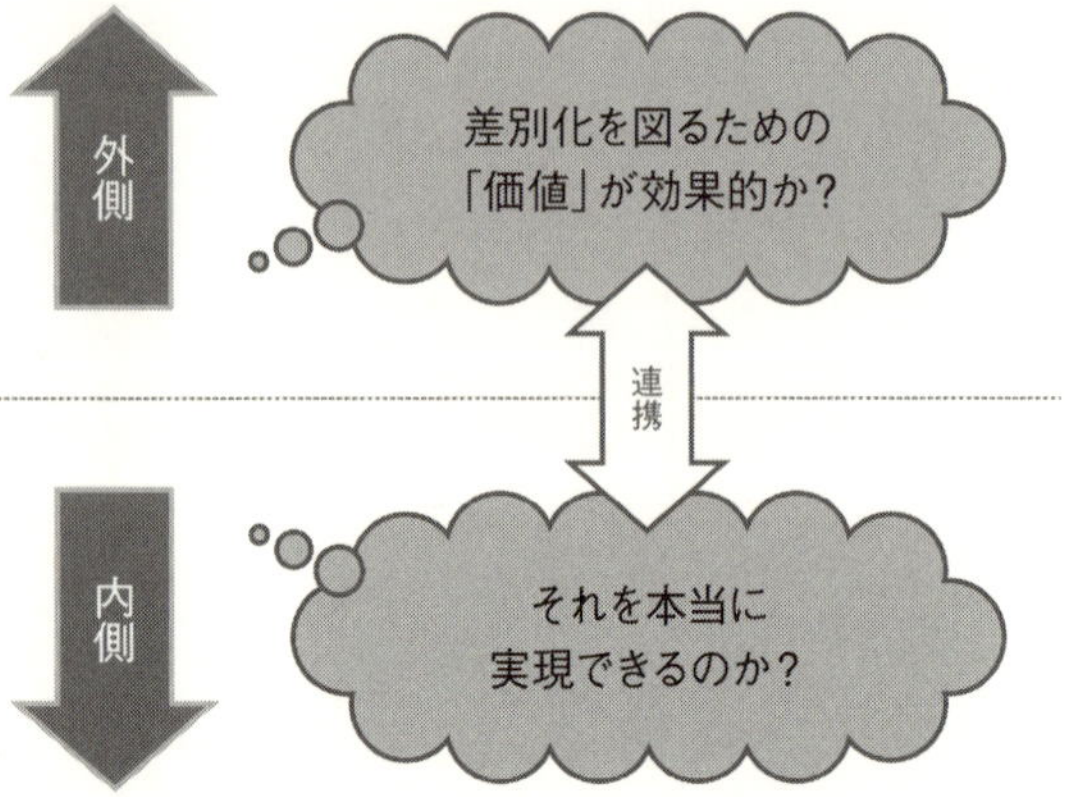
外側
差別化を図るための
「価値」が効果的か？
連携
内側
それを本当に
実現できるのか？

差別化を考えるための「外側」と「内側」という2つの側面

まず、「差別化」という概念は、ポーターの3つの基本戦略に立ち戻ると、「高価格を受容してもらえる状態をつくる」ことを戦い方の最優先に置くということです。当然ながら、競合もいかに高い価格で買ってもらえるかということを日々考えているわけであり、そのなかで、差別化戦略で成功することは簡単ではありません。

差別化戦略を成功させるためには、大きく2つの論点を押さえる必要があります。

まずひとつ目の論点は、「差別化を図るための軸が効果的か」という点。そしてもうひとつが、「それを本当に実現できるのか」という点です。

簡単に言ってしまえば、顧客にとっての意味合いを考える「外側」と社内の実現可能性を考える「内側」の話の2つがあり、それぞれが有機的に結びついていない限り、差別化は実現できないのです。

この「外側」と「内側」について、具体的な中身を考えていきましょう。

「売り文句」を絞り込む

まずは差別化戦略を考えるうえでの「外側」の側面から考えていきましょう。再度確認ですが、「差別化」という言葉に込められた意味は、ポーターの言葉を借りれば、「顧客から特異性（＝その企業の特別の価値）を認めてもらうことにより、高価格帯を受け入れてもらえる」戦い方です。

ここにおける重要な論点は、当然ながら「どの価値を顧客に訴求するか?」ということです。「訴求すべき価値」という言葉はやや難しいので、簡単な事例でイメージしてみましょう。

たとえば皆さんが地元の駅前に新しく弁当屋を出店するとします。駅前には他にも弁当屋やコンビニ、スーパーなどが立ち並びます。さて、そこでもし1000円くらいの客単価の弁当を買ってもらいたいとした場合、お客さんに何をアピールするでしょうか?

おいしさ?　珍しい高級素材を使っていること?　カロリーの低さ?　接客のよさ?　はたまた有名人がプロデュースしたということ?

いろいろ考えられますね。当然ながら、これら頭に浮かんだことのすべてが「筋のよい」ものではありませんので、そのなかでも特に重要なものを絞り込んでどれを「売り文句」に使うかを決めなくてはなりません。この「売り文句」こそ、「訴求すべき価値」になります。

そして当然ながら、この「売り文句」が顧客に認められて、初めて顧客は1000円という高価格をその弁当屋で払うことになります。複数のものが考えられるなかでどのように「売り文句」を絞り込んでいくかということこそが、差別化戦略の「外側」を考えるうえでの本質と言えます。

では、その「売り文句」を選ぶ際、訴求するポイントはいくつまで盛り込むことができるものでしょうか？

5個？　10個？　そんなたくさんのポイントを「売り文句」に盛り込んでも、顧客は認識することができません。顧客がいざ意思決定の現場で認識できるのは、せいぜい2つと言われています*。したがって、その2つをそれぞれ縦軸、横軸として取り、2次元のマップ状にして表すのが一般的です（これを「ポジショニングマップ」と呼びます。先のストーリーで使われていたツールです）。

では、そのようなことを踏まえながら、差別化の本質となる「売り文句」をどのように絞り込むべきなのか、さらに深く考えていきましょう。

「売り文句」の絞り込みにおいては、以下2つの視点が必要になります。

①顧客にとってそれは「重要」なことか？
②それは競合と「差がある」か？

いずれも言葉にすると当たり前のことなのですが、差別化を考える局面では抜けがちな視点です。順を追って見てみましょう。

＊もちろん、実際には常に2つにこだわる必要性はなく、3つ、4つを盛り込むことも可能です。たとえば顧客の購買プロセスが長い（＝考える期間が長い）商品では、より多くのポイントを考えておく必要があるでしょう。ただ、いずれにしても多すぎると焦点がぼけることから、できる限り絞り込んでおくことが必要です。

顧客にとってそれは「重要」なことか?

「売り文句は、顧客にとって重要なポイントでなくてはなりません」

この文言を見ると、「何を当たり前な……」とお感じになるのではないかと思います。しかし、実際に差別化を考える現場においてよく抜けがちな視点がこれでもあるのです。

ではどういうときにこの視点が抜けてしまうのでしょうか。再び先ほどの弁当屋の事例で考えてみましょう。おそらく最初の立ち上げ段階では、どんなお客さんがどれくらい店の前を通り、実際にどういう弁当の需要があるのかを熱心に調べることと思います。しかし、立ち上げてからしばらくした後、わが弁当屋の繁盛を聞きつけて、競合が似たような弁当を出し始めます。

「まさか、こんなあからさまな真似をしてくるのか……?」

しかし悩んでいる暇はありません。何とか対抗措置を考えなくては売上げが落ちこんでしまいます。こうした局面では、意識はあっという間に顧客ではなく競合に向いていきます。そして、「いかに競合を出し抜くか」ということに意識が集中し、気がつくと「顧客不在の差別化戦争」に陥ってしまうのです。

一例として、キリンビールの荒蒔康一郎社長（当時）が2002年のインタビューで回顧しているコメントを見てみましょう。

「たとえば、新製品の売り出し方です。他社がキャンペーンをやれば当社もやる、ビール券つきの商品を売り出せば、当社も売り出すというように、必死になって売る条件を他社に揃えていました。2年前くらいに、アサヒさんが感謝キャンペーンというのをやった。一瞬のうちに我々もやると発表したんですよね。そしてやった。それなりの効果はあったのですが、大きなトレンドは生み出せませんでした。莫大な費用がかかる割には、失ったもののほうが多かったと思います」

「『お客様本意』という言葉は前からあるんです。（中略）しかし、知らず知らずの間に、少しずつ経営の優先順位がずれてしまったんですね。お客様は何を求めているか、我々は何をすべきかについて、鈍感になっていたのは、間違いない。（中略）アサヒに抜かれて2位になったのを機に、自分の考え方をもう1回、机のなかから出して、見直そう、と。キリンはお客様にどのように見られているのか。

会社の発信する声は響いているか。またこれらのことは上っ面だけではないか。全部、検証したい」（2002年6月24日付「日経ビジネス」より引用）

差別化の大原則は、単に「競合と差がある」ということではなく、まず「顧客にとって重要な部分において」差があるということです。この「重要なところに」「差がある」という順番が何より大事です。

しかし、競合との熾烈なシェア争いを繰り広げている業界などは、その大原則が抜け落ちてしまうことが多いのも事実です。

たとえば家電量販店でテレビを買おうとしたときに、機能や明るさ、色目などに関して、素人にはわからない単位や専門的な機能で差異を説明されるような場面などはその典型例でしょう。

また、大企業など組織階層が多い企業においては、顧客から遠く離れた人がこのような戦略を考える立場にある場合が多く、社内調整中心で「顧客不在」に陥りがちです。

こうしたことを避けるためにも原点回帰が求められます。第1章で説明した3C分析の「顧客分析」をしっかりやりましょう。もう一度ご覧いただければわかるとおり、顧客分析の本質は、顧客を「集合」で考えるのではなく、一人の「個人」で見ることです。

「一人のお客さんがいったいどんな人生のなかでこの商品やサービスに出会い、そしてどういう体験をしていくのだろうか」ということを原点に考えてください。

過度に競合を意識した議論に陥りつつあるなと感じた場合は、ぜひ顧客に沿った文脈やストーリーを起点に頭を戻していただくことをお薦めします。

それは競合と「差がある」か?

2つ目のポイントは、そこに競合と差があるかということです。

顧客にとって重要だとしても、結果的にその土俵では自社と近いポジションに複数の競合がまとまって表現されてしまっては意味がありません。

しかし、この「競合の明確な差」について述べると、多くの人は「そんなことが簡単にわかればこんな悩みませんよ」と言って頭を抱えます。おっしゃるとおり、これはこれで難しい話です。

ただ、実際に企業内での話を聞くと、多くの場合は「極めて狭い範囲で」「既存の延長線上で」競合との差別化を考えようとしていることに気づきます。

確かにそのなかで行けば、今さら競合との差を明確に打ち出すことは相当困難かもしれません。しかし、大事なのは、差別化を図るための軸はもっと広くとれるということです。

たとえばもし、皆さんがこれからジョギングシューズを売るとしたら、どのような差別化を図るでしょうか? 軽さ? デザイン? フィット感? いろいろポイントは考えられますが、すべては既存の延長線上であり、ここで競合と明確な差を打ち出すのは難しいでしょう。

では、そもそも論に立ち戻ると、顧客はいったい何のためにジョギングシューズを買うのでしょうか？

当たり前ですが、走るためです。ではなぜ走るのでしょうか？　ふつうに考えれば、健康の維持であったり、痩せることだったり、もしくは大会に向けてタイムを上げるためです。

では、そうした一個人の立場に戻ったとき、どんなシューズがあれば嬉しいでしょうか。そこから差別化の軸は考えられないでしょうか。

たとえば、走ることによってどれだけカロリーを消費したかということがわかるシューズが出てくればそれは素晴らしいかもしれません。もしくは、タイムが毎日どれくらい上がっているかが結果として積み上がって見えてくることも、大会に向けた準備段階では嬉しいですね。

ご存知の方もいるかもしれませんが、このコンセプトを商品として実現したのが「Ｎｉｋｅ＋」という商品です。「Ｎｉｋｅ＋」は、シューズの軽さなどそのものの機能としての差別化ではなく、ジョギングライフをより楽しむために、ｉＰｏｄなどと組み合わせることで、目標設定からジョギングレコードの登録、相手との競争やゲームができるといったことまでその定義を広げることによって成功した商品です。

この事例から伺えるのは、「どの範囲で差別化を考えるのか」という定義こそが大事ということです。たいていはある決められた枠の範囲で競争をしているはずです。既存の枠から離れて、もう一度顧客の本質的な目的に立ち返って考えて視野を広げるという選択肢もあるのです*。

＊ちなみに、このアプローチで差別化を考えることを提言しているのが、「ブルー・オーシャン戦略」というコンセプトになります。ブルー・オーシャン戦略では、既存の価値基準の延長線上で競い合うことを「レッド・オーシャン（＝血みどろの戦い）」と呼び、新たに定義した軸で競合と競わないフィールド（＝ブルー・オーシャン）で戦うことを薦めています。

差別化のキモは「組織能力」にあり

さて、ここまでの話は、いかに効果的な差別化にするかという外側の議論でしたが、大切なのはここからです。描いた差別化の軸をどう実現していくのかが実は差別化を考えるうえでは最も大切なポイントになります。

というのも、外側の話は、その気になれば何とでも描けてしまうのですが、それだけに「単なるエクササイズ」で終わってしまう場合が多いからです。だからこそ、差別化戦略を絵に描いた餅にしないためにも、それを実現する「組織能力」（もしくは「ケイパビリティ」）という概念とセットで考えることが重要です。

「組織能力」という概念自体は相当奥が深いものなので、本書では詳細な説明は割愛しますが、「組織能力」という名の通り、戦略を実現するために組織に備わった能力のことです。

戦略を実現するための能力ですから、人材や技術力、資金力といったリソースが最初に想像される

図表4-3　組織能力を構成する代表的要素

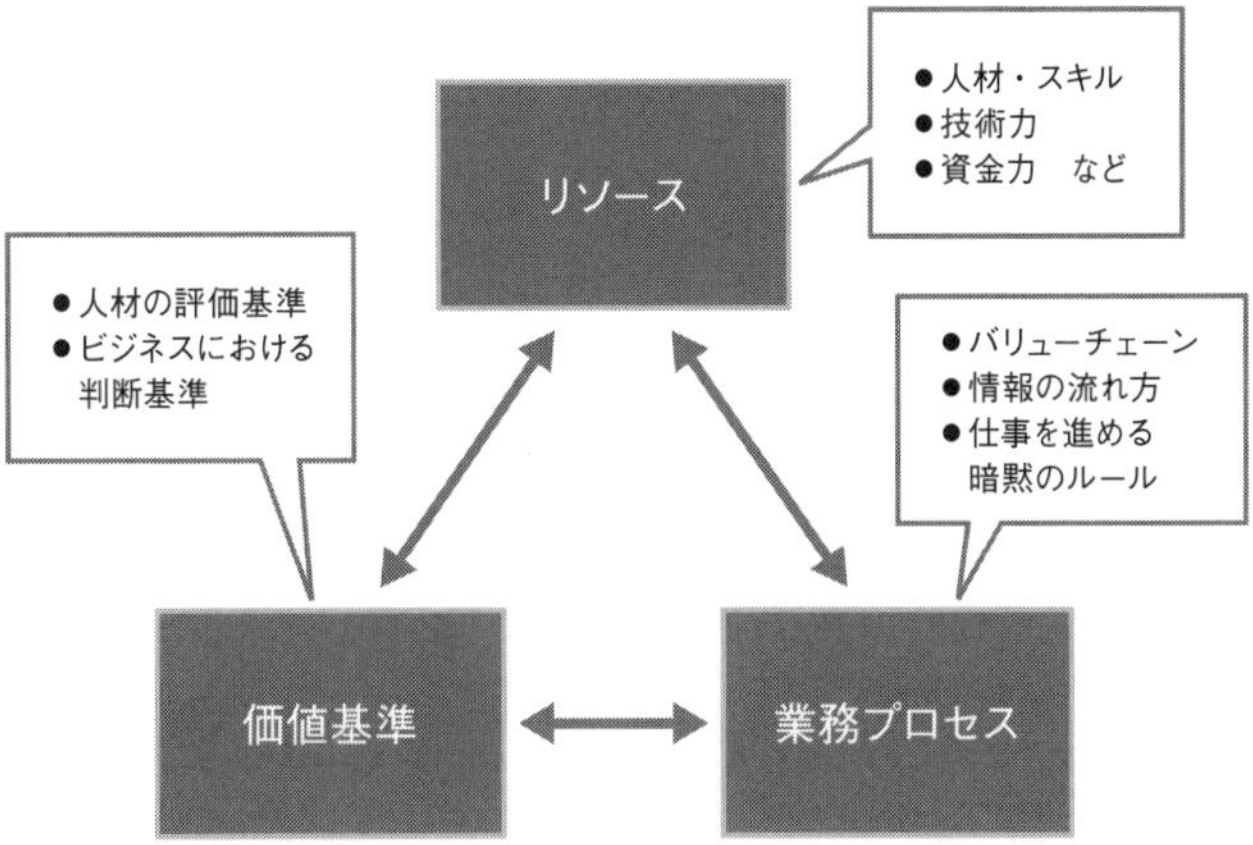

＊クレイトン・クリステンセン著『イノベーションのジレンマ』（翔泳社、2001年）を基に作成

と思いますが、それ以外にも第3章で説明した「バリューチェーン」に代表される組織における「業務プロセス」や、組織において物事を判断するための「価値基準」も組織能力に含まれます。

そして、差別化の文脈において考えなくてはならないのは、その差別化における「売り文句」と組織能力がちゃんと整合が取れているかということです。つまり、「本当にその売り文句を実現できる社員がいるのか」ということや「それを実現するための業務の流れが設計されているのか」といったことです。

たとえば、流行のファッションをいち早く店頭で販売するという「スピード感」を差別化の軸に据えるZARAというブランドがあります。1品1品で見れば決して真似できないことはないのですが、トータルで見れば他のブランドがそれを真似することは極めて困難です。

なぜならば、ZARAではデザインの意思決定のプロセスから製造、発送、店頭販売に至るまで、「スピード」という差別化の軸に向けて一貫した仕組みや社員の意識が徹底されているからです。部分的には真似ができたとしても、商品全体のスピード感については、取引先も含めたサプライチェーン全体を巻き込んだビジネス全体としての意思決定やコミットメントが求められるため、生半可な物真似では追随できません。裏を返せば、このように「リソース」や「業務プロセス」、そして「価値基準」といったすべての構成要素の整合性を実現できた企業だけが真の差別化を実現できるのです。

組織能力は意図的に育てるもの

では、今ある組織能力の範囲でしか差別化の構想は描けないのかというと、そういうわけではありません。組織能力は育てることができます。たとえば組織能力を構成する大きな要素のひとつである「人材」は育てることができますし、もしくは外から調達することも可能です。「バリューチェーン」であっても新たに設計することはできます。

しかし、現実にはどうなっているかというと、外側の差別化の方向性だけは変えても、内側の組織能力の「育成」についてはさっぱり手がつけられていないことが多いのです。

なぜそうなってしまうのでしょうか？　答えはシンプルです。

図表4-4　組織能力を育てられる企業に共通する特徴

1. 差別化戦略の根本になっている「売り文句」が
シンプルにわかりやすく社員に伝わっている

2. その「売り文句」を実現するために必要な要素の「全体像」と「道筋」が
細分化されて社員に示されている

3. そのなかで、「この1年で」どんな能力を伸ばしていくことが
求められているのか（場合によっては何をやらなくていいのか）が
社員に明確に示されている

4. その能力を伸ばしていくための「具体的アクション」（たとえば研修など）が
決められており、実際に動いている

「外側」へのメッセージを変えるのに比べ、「内側」は今までやってきたことは変えにくいという「慣性の法則」が働くために、かなりの力仕事と時間を要するからです。しかし、裏を返せば、組織能力の育成まで一貫してできた企業は、差別化戦略の成功確率は格段に高くなるということです。

ここで私の個人的な経験をお話ししましょう。

私は企業内の人材育成という側面で、組織能力の開発をお手伝いする機会がありますが、外側から見て極めてユニークなポジションで高い利益率を上げ続けている企業は、組織能力の育成計画こそが優れていることが多いです。

具体的には、そのような企業には、図表4-4のような共通的な特徴があります。

私が現場で実際に接する場面は上記で言うと4つ目の社内研修になるのですが、やはり差別化が明確

な組織は、研修内容と、原点にある差別化の戦略の方向性とをどうリンクさせるかということについて、我々とともに事前に深い議論がなされる傾向があります。

そして、研修の現場でも、たとえばトップの方が来て、戦略論から始まるストーリーを自分の言葉でわかりやすく語り始めます。つまり、研修というものは、差別化を実現するための組織能力育成の一環であり、一手段であるという認識が一貫してあるのです。

そういう現場を見るたびに、「差別化戦略とは組織能力を意図的に育ててこそ効果的なのだ」と再確認するのです。

「外側」と「内側」との対話ですり合わせる

最後にお伝えしたいのは、差別化戦略というのは、「外側」→「内側」という一方向の流れで決まるものではないということです。

当然ながら差別化の方向性を決めたところで、やはり組織能力の育成が追いつかずに実行できないこともあれば、実際にやってみたところ違った発見があり、別の「売り文句」の方向性が現場から逆提案される場合もあります。

いくら顧客にとって重要そうで、差があるポイントを発見したとしても、初めに描いた差別化戦略の方向性などはたいてい、そのとおりに行くことはありません。顧客も競合も刻一刻と変化を遂げていきます。

そうであるならば、求められるのは、方向性を決める意思決定者と現場が、対話を通じて「すり合わせ」をしていくという姿勢です。意思決定者と現場がそれぞれ、臨機応変さと柔軟性を持ち、場合によっては朝令暮改も辞さない覚悟で臨むことが求められるのです。

このように「外側」と「内側」が密に連携をとることによって、その組織に最もフィットする差別化の方向が決まっていくのが理想的と言えるでしょう。

解説　真の差別化戦略のために

では岩永さん、およびミーティング参加のメンバーが考えるべきことを整理してみましょう。「外側」「内側」ともに、この議論では不十分な点が見受けられます。

「外側」は、顧客のニーズについての話です。現状では、競合との差ばかりを求める「顧客不在の差別化」に陥る可能性があります。おそらく参加メンバーは「顧客ニーズなんて日頃から意識しているからこんなところで議論する必要はない」と考えているのかもしれません。しかし本当でしょうか？

特に今回のケースのような業界上位の企業は顧客層が必然的に広くなるので、そもそも「顧客って誰ですか?」というシンプルな問いにも答えにくいという背景もあります。もちろん、答えにくい＝考えなくてもいい、というわけではありませんから、時間をかけて顧客ニーズに対する仮説を持つ必要があるのは言うまでもありません。

ただ、今回のケースもそうですが、「自分たちはわかっているつもり」という思い込みによって、現場ではこの問いは往々にしてスキップされてしまいます。

さらに言うならば、特に今回のシチュエーションではさまざまな外部環境要因によって外食、そして焼肉に対するニーズ自体も大きく変化している可能性もあります。食べごたえを追求したところで反応する顧客はどれくらいいるのでしょうか? 安心・安全ということに目新しさを感じて選んでくれる顧客はいったい誰でしょう? 効果の小さいところで競合と差を出しても仕方ありません。だからこそ、遠回りかもしれませんが、「売り文句」を議論する前に顧客についてはしっかりと議論しておくべきでしょう。

差別化の「幻想」に陥らない

より大事なのは、「内側」の議論です。仮に外側の議論が正しいとして、それを実現するためにどのような組織能力が必要でしょうか。そして、それをどう育てていくべきでしょうか。

もちろん、会議の限られた時間のなかでは議論できないということもあったでしょうが、誰もその組織能力について考察をしている跡がないというのはやや怖いことです。

おそらく、今回の議論では、どうも「外側」の「ポジショニングを決めればすべての問題は解決する」くらいに思っていたのかもしれません。しかし、これは差別化に対する安易な「幻想」を抱いているとも言える状態です。

差別化という概念は極めて重要ではあるものの、プランをうまく立案したからすぐにそれが成果につながるというものではありません。差別化戦略を実現するためには、組織能力の育成まで含め、長い期間の地道な道のりが必要です。

外側の「ポジショニングマップのエクササイズ」程度で成功する差別化戦略なんて、よほどのことがない限りありません。*もしあったとしても、すぐに模倣されて終わるでしょう。

よく雑誌や書籍では、差別化に成功した企業について、その「外側」の戦略だけが切り取られた話が紹介されることがあります。読み手にとっては、まるでそれがあたかも「短期的な知恵の勝負」だったかのように感じさせる記事も少なからずあります。

しかし、我々はその「外側」のストーリーに隠れた「内側」のことまで考察を深めなくてはなりません。おそらくは人材の獲得、育成、バリューチェーンの組み換えなど、裏側には息の長い、一歩一歩の道のりがあったはずです。

もし本気で差別化戦略を考えるのであれば、差別化に対する安易な幻想を捨て、「外側」と「内側」に対する地道な道のりを理解し、それを推し進めていく仕組みやプロセスを設計することこそが大事になってきます。

今回の月例会議はあくまでも議論のきっかけかもしれませんが、真の差別化を目指すのであれば、この議論を皮切りに、「内側」の議論まで含めてどう深めていくのかを考える必要があるのです。

＊それだけに、本当に意図をして差別化が長期的に持続できる可能性は極めて低いのが現実です。実際には、「持続的な競争優位」を実現する企業は、すべてのうちの2～5％に過ぎないというリサーチ結果も発表されています。それくらい難しいことなのです。

「外側」と「内側」の結節点であるミドルリーダーは機能しているか？

最後になりますが、本書の読者であるミドルリーダーという立場は、この「外側」と「内側」をつなぐ結節点とも言えるでしょう。どの戦略でも同じことが言えますが、この結節点がどれくらい機能しているかが重要です。

ミドルリーダーの方は、改めて以下の問いを自ら問いかけてみてください。

- 自分たちの事業の「売り文句」は何だろうか？
- それは顧客にとって重要なことであり、差があることだろうか？
- それに向けて、組織能力を育てようとしているだろうか？

　こうした問いにミドルリーダーの皆さんが、どれくらい自分の言葉でクリアに答えられるかによって、差別化戦略の勝負は決まってくるのではないでしょうか。

参考文献

フィリップ・コトラー、ケビン・レーン・ケラー『マーケティング・マネジメント　第12版』（ピアソン、2008年）
伊丹敬之『経営戦略の論理　第4版』（日本経済新聞出版社、2012年）
入山章栄『世界の経営学者はいま何を考えているのか』（英治出版、2012年）
W・チャン・キム、レネ・モボルニュ『ブルー・オーシャン戦略』（ダイヤモンド社、2013年）
クレイトン・クリステンセン『イノベーションのジレンマ　増補改訂版』（翔泳社、2001年）

第5章

規模の経済はどうすれば実現できるか?

コストリーダーシップ

ストーリー　食品容器メーカーの資材調達担当課長の悩み

狩野幸太は食品容器メーカーであるライフスタイル・パッケージング社（以下、ＬＰ社）の資材調達担当課長を務めている。ＬＰ社は、ガラス瓶やプラスチック容器、外箱などの容器一般を製造、販売する企業で、狩野はガラス資材やプラスチック容器に必要な原材料の調達を主な責務としている。

昨今の容器業界においては、製品の特徴によって差別化を図ることはかなり困難になっており、どれくらいの価格を提示できるかというシンプルな勝負となりつつあった。経営陣は「コストリーダーシップの実現」ということを明確に掲げ、コスト競争に打ち勝つ姿勢を鮮明にしていた。

そんななかにおいて、当然ながら、原材料の調達における仕入先との交渉は極めて重要な意味を持つようになっていた。ところが交渉現場ではコスト削減どころか、むしろ原料高騰やその他さまざまな理由をつけられ、購入価格の引き上げを毎年のように迫られるのである。

無論、ただ手をこまねいたわけではない。コスト削減策はさまざまな場面で行われていた。人件費には真っ先に手をつけたし、ムダと思われるコスト削減にはほとんど着手してきた。製品開発においても、技術開発によって容器当たりの原材料量を減らし、低価格で提供可能な新製品もつくった。

当初はその価格に顧客からの反応もよかったが、品質要求を満たせないことが数件続き、クレーム対処に追われることになった。気がつくと、その間に競合が同じような製品を同様の価格帯で出すようになり、はたしてコスト優位性が実現できたのかは誰にもわからなかった。

「これではLP社の利益率は悪くなる一方だ……」

そんな焦りを背景に、経営陣の狩野へのプレッシャーも日増しに厳しくなっていった。どうしたら調達価格を下げられるか。狩野の頭にはそれしかなかった。

そんな矢先、調達先のひとつと価格交渉の場面があった。「あとはもう泣き落としかない……」。そんな狩野の鬼気迫る思いを察したのだろうか。今回、調達先はこんな打開策を提示してきた。「まぁ、困っているのはお互い様ですからね。倍の量を発注してくれたら、多少は勉強してもいいんですけどね」

「なるほど、確かに小手先の勝負では値下げも長続きはしない。いわゆる規模の経済という正攻法で勝負してみようか……」。そう考えた狩野は帰社後、上司である部長にこう掛け合った。

「やっぱりコストリーダーシップの実現に向けては、規模の経済を効かせないとダメだと思います。発注量を倍にすれば値下げしてくれると言われましたが、倍までは無理としても、発注量を増やす方法を考えられないでしょうか。たとえば、もうちょっと販路を拡大して販売先を広げることもできますよね。今までは近隣域内だけに営業先を限定していてそれ以上の開拓は行っていませんでしたが、これからは意図的に規模の経済を効かせるためにも顧客層の開拓をしていきましょうよ。また、同業他社で業績的に苦しいところもありますから、買収といったことも将来的には考えられるでしょうし」

狩野は一息にまくしたてた。

「ん？　コストリーダーシップのために規模の経済？　狩野にしては珍しくそれらしい言葉を使うな……。で、たとえば規模の経済とはいったいどんな意味なんだ？」部長は試すような視線で問いかけた。

「いや、ですから、大きくなれば交渉力を発揮して安くできるってことですよ」

何でこんな当たり前のことを聞くんだと思いながらも、狩野は続けた。

「それに大きくなれば工場の稼働率も上がるでしょう。遊んでいる時間が減りますから、コストも安くなりますよね。そうすることにより、利益が上がって、またそれを再投資して規模を拡大していく。そういうサイクルを重ねていくことが、規模の経済っていうことですよね」

しかし部長の反応はつれないものだった。

「お前、それは規模の経済をほとんどわかっていないに等しいぞ。もう少し勉強したらどうだ」

理論　コストリーダーシップのアプローチ

本章では、ポーターの3つの基本戦略のひとつである「コストリーダーシップ戦略」について考えていきます。

コストリーダーシップ戦略とは、「競合よりも安いコスト構造を構築することによって利益を生み出す戦い方」のことであり、考える優先順位が「どれだけ高い価格で売るか」よりも先に「どれだけ安くつくるか」にある戦略のことです。

では、コストはどうやったら低くなるのでしょうか？

もちろん、ムダなコストを削るというやり方もありますが、それはワンショットに過ぎません。継続的・持続的にコストを低減させるための代表的なアプローチには、以下3つがあります。

①大きくなることによって安くする　⇓　規模の経済
②たくさんつくって手際をよくすることによって安くする　⇓　経験効果
③同じものを使いまわすことで安くする　⇓　範囲の経済

本章ではこのうちの最もよく語られる「規模の経済」を中心に説明をしていきます。

なお、経験効果については、第8章の「プロダクトライフサイクル」で触れます。また、「範囲の経済」については、次ページのコラムで簡単にご紹介します。

コラム●「範囲の経済」とは「シナジー」のこと

「範囲の経済」とは、新しい商品ラインナップを加えることによって、商品1個にかかる固定コストを低減させようとするものです。規模の経済が、商品の「生産規模」を増加させることによって1個当たりのコストを低減させるのに対し、範囲の経済は商品の「種類」を増加させることによって1個当たりのコストを低減させるとも言い換えられます。

規模の経済　⇒　生産「規模」増加に伴う1個当たりのコストの減少
範囲の経済　⇒　生産「種類」増加に伴う1個当たりのコストの減少

たとえば、1つの工場から1つの製品Aを生産している企業があるとします。しかし、製品Aは夏には売れますが、冬にはまったく売れません。もし、夏以外に売れる製品Bをつくることができれば、工場にかかる固定費を薄めることができ、1製品当たりにかかるコストを安くすることができます。

つまり、「範囲の経済」は既存のリソースを可能な限り使い回すということであり、「シナジーを効かせる」ということとほぼ同義でもあります。

「範囲の経済」のイメージ

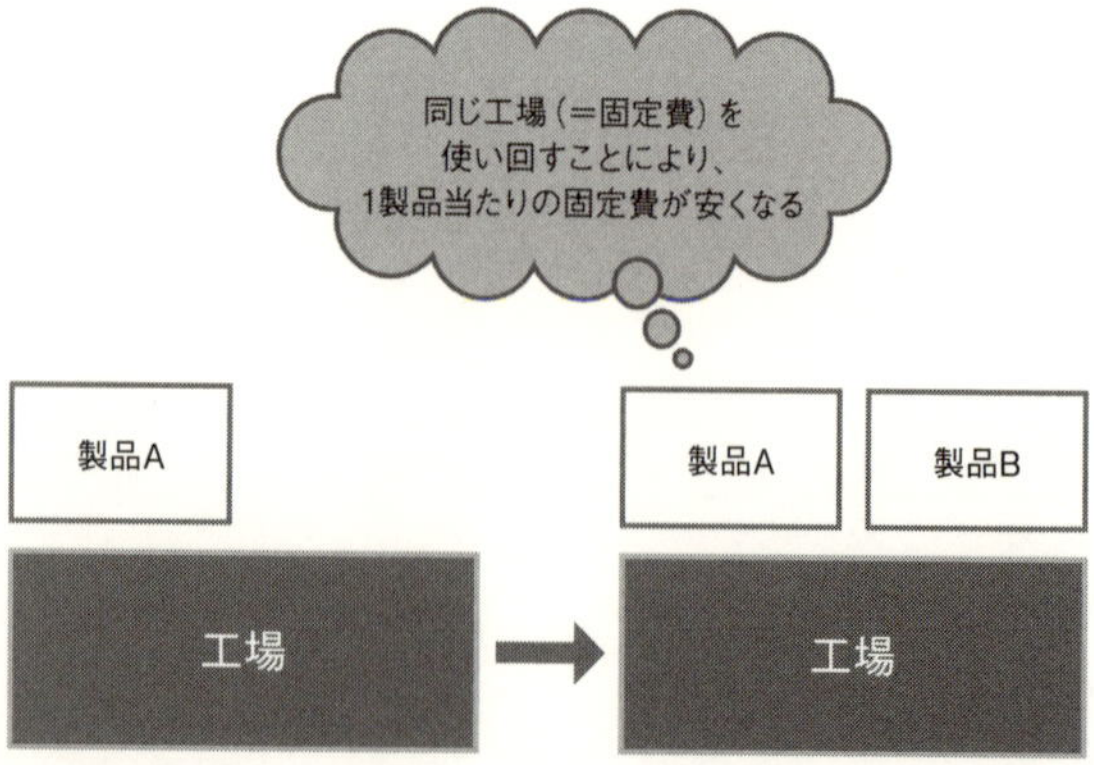
同じ工場（＝固定費）を
使い回すことにより、
1製品当たりの固定費が安くなる
製品A
工場
製品A
製品B
工場
「範囲の経済」が効いている状態

「わかったつもり？」の「規模の経済」

「規模の経済」という言葉は、ビジネスの現場にいる方であればどこかの場面で必ず耳にしたことがあると思います。「事業規模が大きければ単位当たりのコストが下がる」ということであり、概念的には理解しやすい言葉です。

それがゆえに、私が教えている経営大学院のクラスにおいても、「規模を獲得するために合併すべきだ」とか「A社のほうが規模の経済が効くためにコスト優位性がある」といった言葉がよく聞かれます。

しかし、その言葉が本当に意味するところや、そのメカニズム、はたまた留意点などを正しく理解している人は残念ながらそれほど多くはありません。それがクラスであればまだいいのですが、実際のビジネスの現場において概念を正しく理解しないまま意思決定をするようなことがあれば、道を誤る可能性もあります。規模が効く事業特性かどうかといったことは、経営の意思決定と結果を大きく左右する要素だからです。

経営コンサルタントが知るほど仔細な知識が必要とは言いませんが、基本的な概念ぐらいは、広く現場で活用するためにも正しく理解しておきたいものです。

図表5-1　コストリーダーシップのアプローチ方法

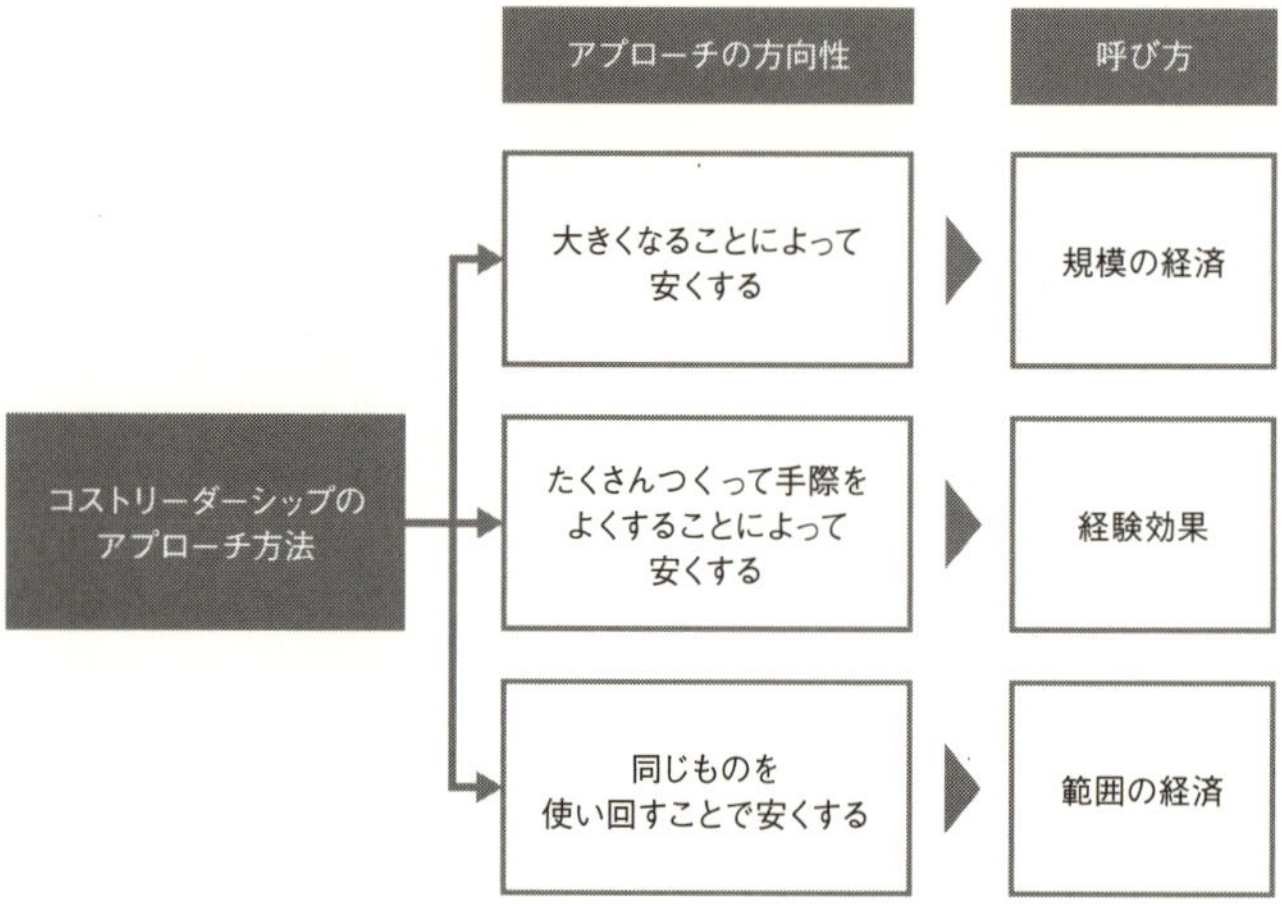

まず、「規模が効く」、もしくは「規模の経済性がある」ということは、生産量が増えるに従って生産量当たりのコストが下がる状態を指します。

どれくらい規模が効くか、ということの程度を表す際には、「80％曲線のスケールカーブを描く」というような表現が使われます。これは「生産量が倍になったとき、コストが80％になる（20％コストダウンする）」ということを表したものです。

大きな固定費が必要な事業ほど、規模の経済が効きやすい

では、どういうときに生産量が増えるとコストが下がるのでしょうか。これを理解するために、まず事業のコスト構造を「固定費」と「変動費」に分けて考える必要があります。固定費とは、たとえば本社費用など、生産量がどれだけ増えようが変わらない（＝固定の）コスト項目であり、変動費とは、原

図表5-2　固定費と規模の経済の関係

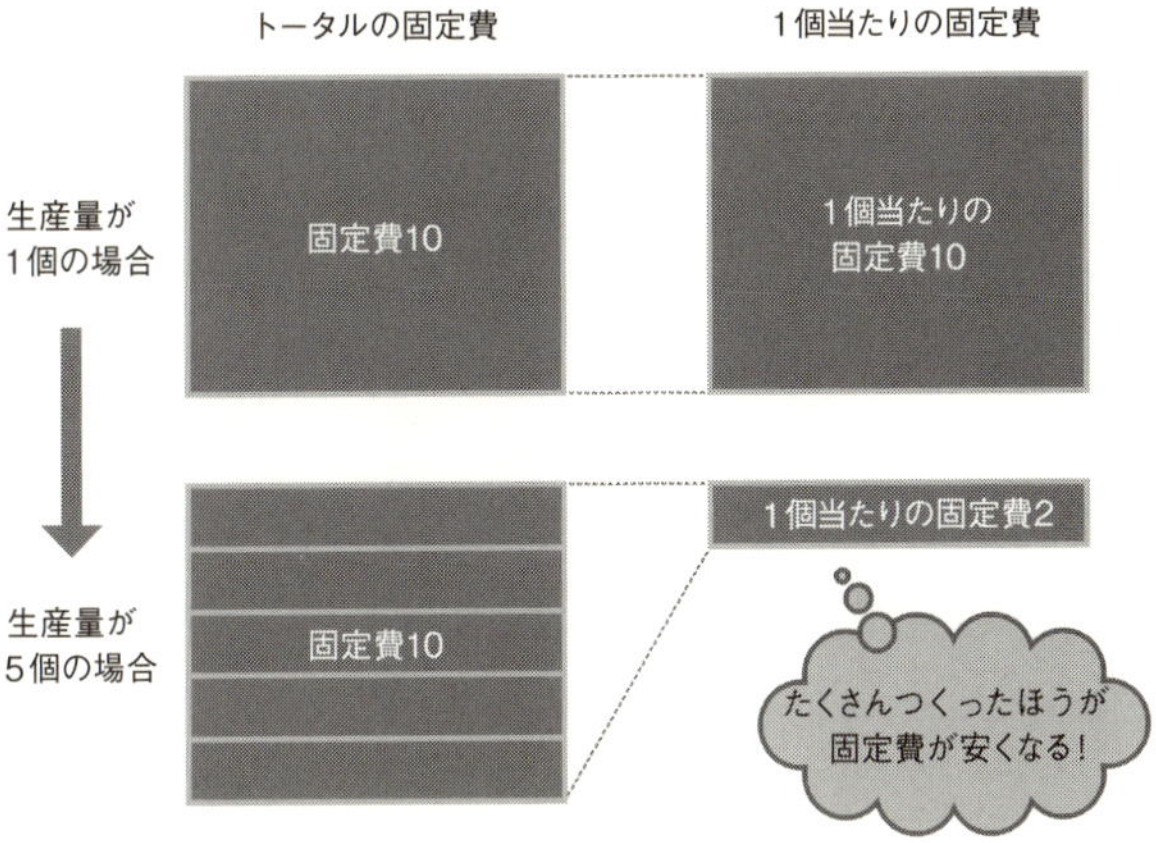

材料費など、生産量に比例して変動するコスト項目のことです。

規模の経済が効く事業とは、事業コスト全体のなかで固定費の割合が大きいタイプの事業になります。生産量が増えれば増えるほどひとつ当たりの固定費が薄まり、結果的に低コストを実現できるからです。

固定費だけを考えた場合、極端な話、1個売っても100個売っても事業全体では同じ固定費が計上されるわけですから、100個でそのトータルコストを割ったほうが1個当たりのコストは安くなる、というのは感覚的にも理解しやすいと思います。

では「固定費の割合が大きいタイプの事業」とはいったいどういう事業でしょうか。一般的には、研究開発費、広告費、減価償却費については、事業によっては巨額のコストがかかる場合があり、これらの費用が競争上のキモとなる事業は、規模の経済が効きやすいと考えてよいでしょう。

たとえば巨額の研究開発費がかかるビジネスとしては、新薬創出型の製薬メーカーや自動車メーカーなどが挙げられます。また広告費であれば、食品やビールなどが考えられます。減価償却費については、製造装置に巨額の投資が必要な半導体業界などが代表例になるでしょう。いずれにしても、これらの業界は規模の経済が効くために、結果的にグローバルレベルでの競争が繰り広げられています。

変動費部分にも規模の経済は効く

固定費のみならず、原材料などの変動費においても規模が効く、つまり生産量に応じてコストが下がる場合があります。大量発注により売り手にとっての大口顧客になり、交渉力を発揮しやすくなること、つまり「5つの力」で言うところの「売り手への交渉力」を得られることが背景です。加えて、売り手にとって物流や製造準備などのコスト効率性が高まり、結果的に低価格で提供しやすくなるということもあります。

なお、卸や仲介業のように外部調達（変動費）の比率が高く、研究開発など共通の固定費が小さいビジネスにおいては、一般的に規模の経済は効きにくいと言われています。しかし、家電量販店など顧客側の価格に対する意識が高い場合などは、そのなかでも少しでも価格優位性を出すために、規模を大きくして変動費におけるスケールメリット（＝大量発注による有利な交渉条件の引き出し）を狙う戦いになっています。

とはいうものの、変動費は固定費ほどには規模の経済は働きにくいと言われています。研究開発費や広告費は70％カーブ（生産が倍になれば3割コスト安）くらいを描く場合が多いのですが、原材料費の場合は90～95％カーブ程度がせいぜいの場合が多いです。また、銅やアルミ、石油などさらに川上の原料系については相場で決まることが多く、大量発注による交渉力はまったく関係ないケースがあるということも頭に入れておいてください。

「規模の不経済」に要注意

さて、ここまで理解をすると、概して「大きいことはいいことだ」ということになりそうです。しかし、世の中それほど簡単ではありません。身のまわりを見渡しても、大企業よりも中小企業のほうがコスト優位性のある業界はたくさんあります。これはどういうことでしょうか？

そうした疑問を踏まえたうえで、さらに規模の経済の本質に迫っていきましょう。まず、大原則として、規模の経済にはその効用の物理的範囲があり、それを超えると「規模の不経済」が生じるということを理解しましょう。

「規模の不経済」の発生要因は、大きく言えば以下5つほどが考えられます。

図表5-3　「規模の不経済」5つの発生要素

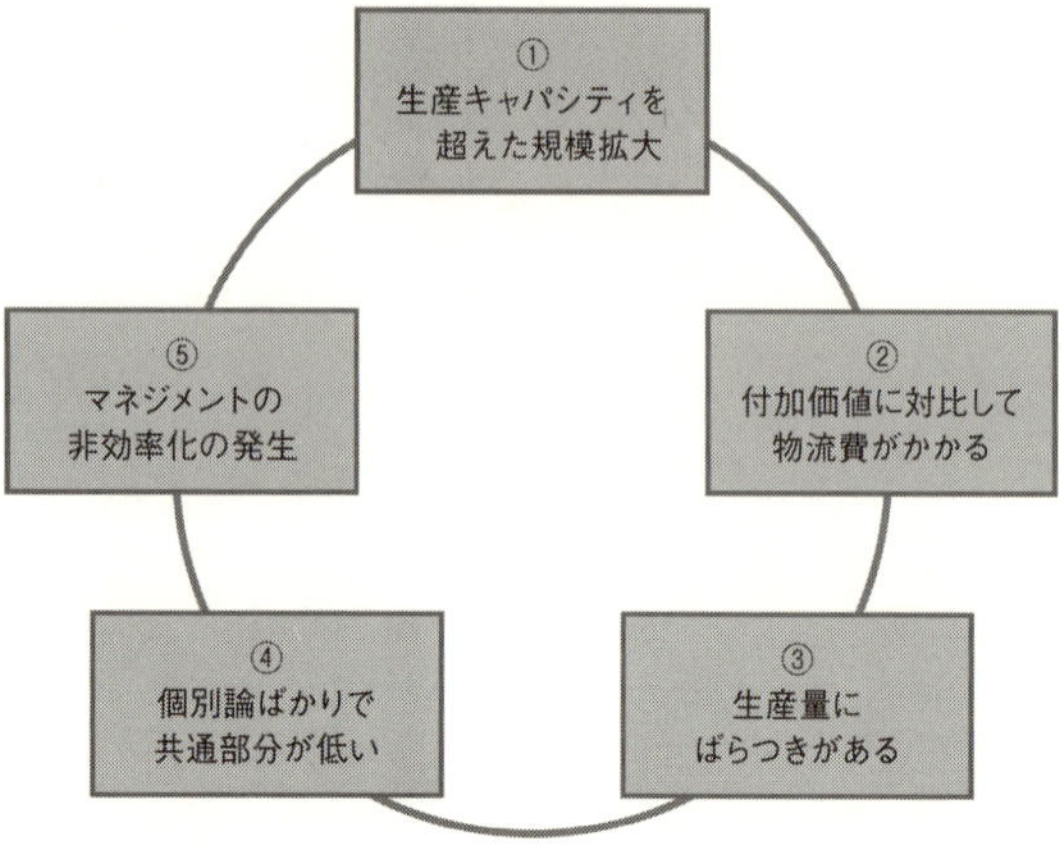
①
生産キャパシティを
超えた規模拡大
②
付加価値に対比して
物流費がかかる
③
生産量に
ばらつきがある
④
個別論ばかりで
共通部分が低い
⑤
マネジメントの
非効率化の発生

規模の不経済の要因①：生産キャパシティを超えた規模拡大をする場合

たとえば、あるメーカーがひとつの工場で生産をしていたとします。このメーカーがコストを安くするためには、生産量を増やすことによって、1個当たりにかかる固定費（＝工場の設備費用）を安くするというのが大原則です。つまり、工場稼働率を高めるということです。しかし、当然ながら工場にはキャパシティがあります。もし、生産量拡大の結果、キャパシティを超えてしまった場合、新たな生産設備を設置する必要があります。そうすると、生産設備のみならず、生産のためのスタッフや、新たな受注のためのプロモーション費用など新たに大きな固定費が発生することにつながってしまいます。このように、キャパシティを超えて規模拡大をしてしまうと、大きくなっても短中期的には1個当たりのコストが逆に増えてしまう場合があるのです。

規模の不経済の要因②：付加価値に対比して物流費がかかる場合

付加価値に対して物流費のインパクトが大きい業界なども規模の物理的範囲があります。たとえば今回のLP社のような容器メーカーなどはその典型でしょう。容器は値段の割に体積があるため、付加価値以上に物流費がかさみます。したがって、一定の距離以上離れてしまうと、物流費のほうが規模のメリット以上にかかってしまうのです。納品先の一定距離内（一定物流コスト内）であることが大前提になります。

規模の不経済の要因③：生産量にばらつきがある場合

規模の経済が最大限発揮できるのは、生産量が「平準化」されている場合です。逆に、生産量に大きくばらつきがある場合は、規模の不経済の要因となります。

極端な事例で考えてみましょう。同じ業界で、年間1200個生産している会社（A社）と、3600個生産している会社（B社）があるとします。生産量は3倍になるので、B社のほうが規模の経済が効き、コストメリットを享受できそうな気がします。しかし、仮にA社は毎月コンスタントに100個の生産であるのに対し、B社は受注がばらつくためにある月はゼロ、ある月は一度に1000個以上生産しなくてはならないとしたらどうでしょうか。

当然、工場は1カ月に1000個以上の生産に耐えうる設備や人員が必要になり、その分だけ前者の企業と比べても固定費が増えることになります。つまり、単純に総生産個数だけでは規模が効くか

図表5-4　生産のばらつきと「規模の不経済」

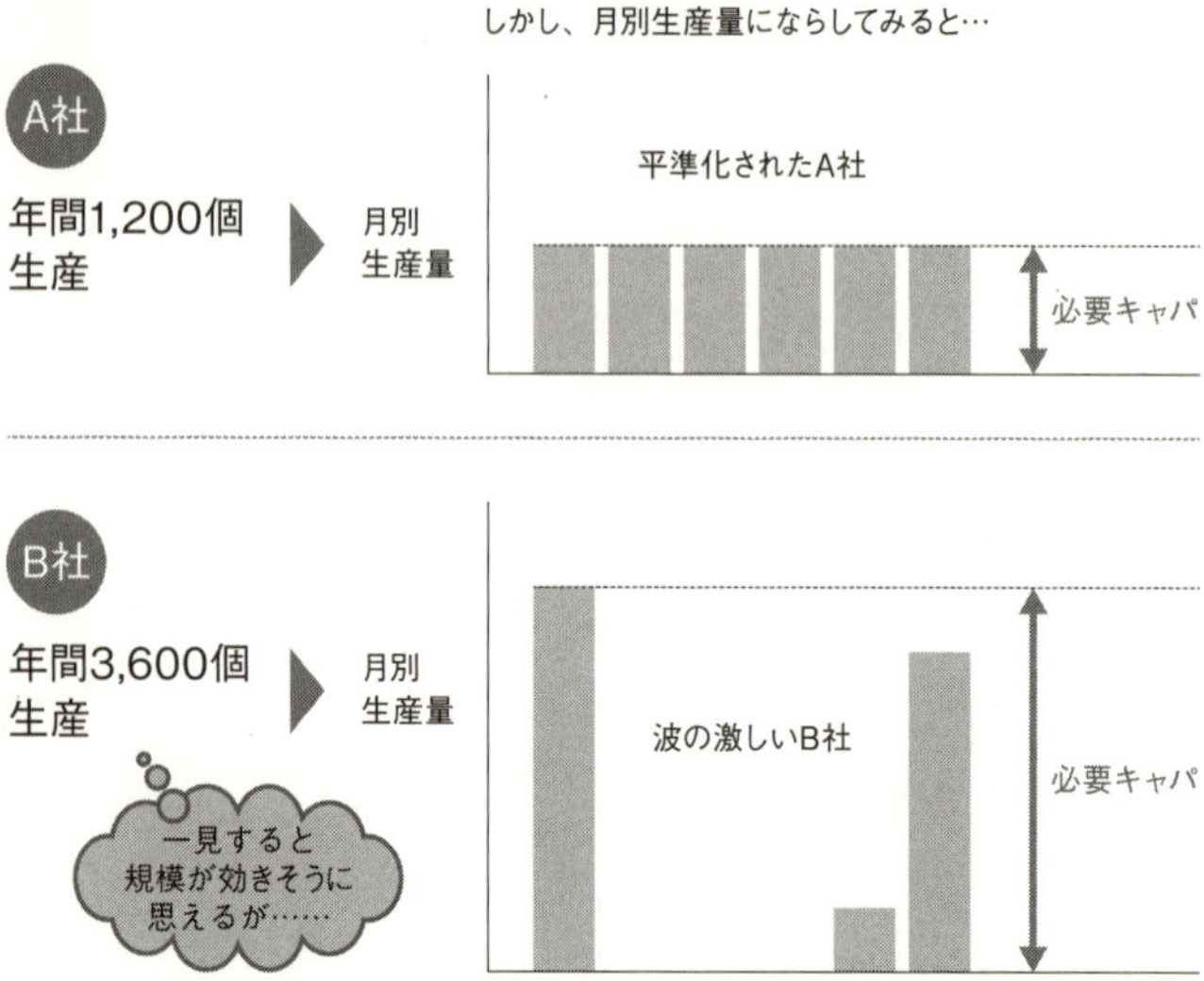

どうかが判断できないのです。

規模の不経済の要因④：個別案件ばかりで共通部分が低い場合

規模の経済を効かせるためには、先に述べたとおり、共通部分を大きくすることが前提です。当たり前ですが、個別カスタマイズの製品を積み重ねていってもコストは安くなりません。個別案件の積み重ねの場合は、むしろ生産プロセスのコストばかりがかかって、やがては規模の不経済を発生させる原因になります。

このパターンは、グローバル展開初期で闇雲に現地ニーズに合わせてカスタマイズしてしまう場合や、M&Aをしたものの両社の折り合いがつかずに統合しきれない場合などによく見られます。

規模の不経済の要因⑤：マネジメントの非効率化が発生する場合

最後に、規模の不経済の要因として、マネジメント上の非効率化も考えられます。一般的に、企業規模が大きくなれば、それに従って企業内の階層も増え、コミュニケーションルートも複雑化します。たとえばオペレーションに変更を加えようとしても、小規模の企業であれば柔軟に対応できるものが、大規模であるがゆえに、社内説明会、マニュアル化、事後フォローなどのコミュニケーションコストが発生するのです。手続きの増加に伴い、組織の官僚化という事態も起きやすくなるでしょう。

また、こうした組織内の複雑性を効率的にコントロールするマネジャーの能力にも限界が生じてきます。ある特定の工場だけを見ていたマネジャーも、規模拡大に伴い複数の工場を管轄する必要性が出てきます。その結果、以前と比較して現場に目が行き届かなくなり、トラブルが生じやすくなって歩留まりが低下するといったことも考えられます。こうしたマネジメント上の非効率化は、規模拡大の場面でよく見られることです。

以上の事例が、一般的に「規模の不経済」の要因となる代表例です。これらのことから伺い知れるとおり、規模拡大といってもどこかで物理的な限界が来るわけです。結果的に見れば、「規模の経済は効かない場合のほうが多い」と考えておくほうが健全なくらいでしょう。

いずれにせよ、自身のビジネスにおいて規模の経済を語るのであれば、「規模の経済がどれくらい効くのか」と同時に「規模が効くのはどの境界までなのか」を正しく理解しておく必要があるのです。

解説　規模の経済を実現するための4つのステップ

さて、狩野課長は何を理解違いしていたのでしょうか。

まず、「大きいこと＝規模の経済が効く」というレベルでの理解にとどまっていたということが挙げられます。先述のとおり、単純に、大きければ規模が効くというわけではありません。それを正しく理解するためにも、LP社のコスト構造を正しく把握しておく必要があります。つまり、狩野課長が規模の経済を語るのであれば、以下のステップで考えを進めていくべきでしょう。

ひとつ目の「コストダウンの意味合い」に答えるためには、LP社の戦い方の方向性を理解しておく必要があります。今回のケースであれば、経営の方向性として、「コストリーダーシップ戦略の追求」ということを掲げているので、その点はわかりやすかったと思いますが、もしそうでないならば、たとえば特注品や他ではつくれないようなユニークな商品性で勝負していくのか、商品だけでなくトータルのサービスで勝つのか、はたまたコスト優位性で勝負していくのか、といった戦い方をまずは確認しておく必要があります。

2つ目の「コスト構造の理解」に答えるためには、自社の財務諸表をちゃんと理解していなくてはなりません。また、財務諸表1年分だけでは、急な広告の出費などさまざまな不確定要素があるために正しい判断はできません。競合も含めて複数年のデータからだいたいのコスト構造を理解しておき、

図表5-5　規模の経済を考えるステップ

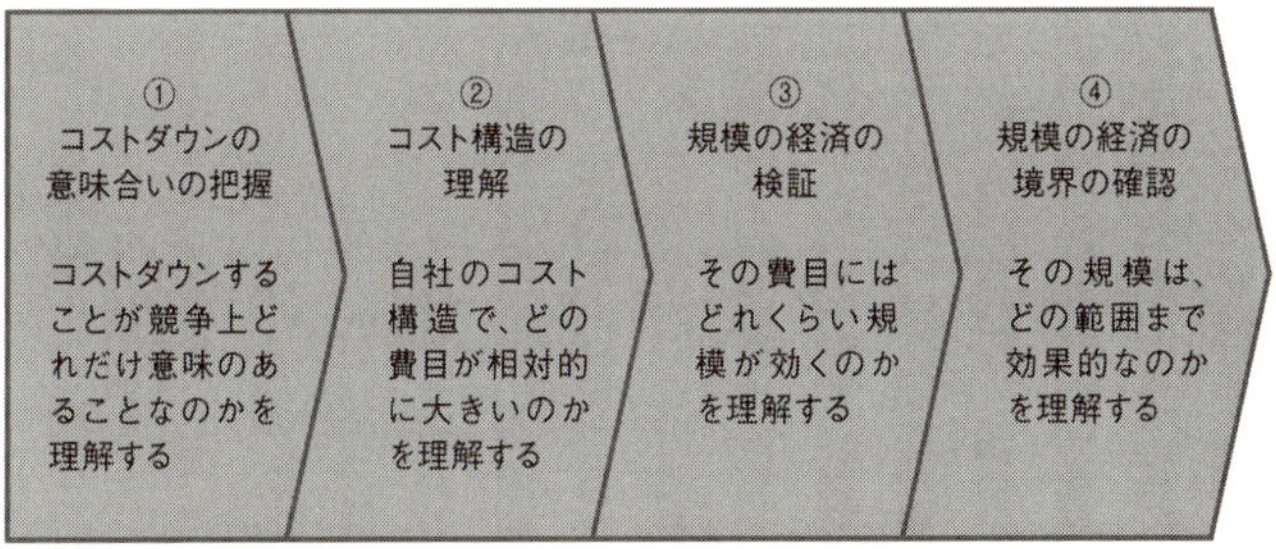
①
コストダウンの意味合いの把握
コストダウンすることが競争上どれだけ意味のあることなのかを理解する
②
コスト構造の理解
自社のコスト構造で、どの費目が相対的に大きいのかを理解する
③
規模の経済の検証
その費目にはどれくらい規模が効くのかを理解する
④
規模の経済の境界の確認
その規模は、どの範囲まで効果的なのかを理解する

あらかじめ業界としてのコスト構造の仮説を持っておくことが求められます。

3点目の「規模の経済の検証」については、固定費と変動費を分けることが必要ですが、何が自社における固定費であり、何が変動費なのかは実はすぐにわかるものではありません。企業が変われば同じ費目でも固定費ではなく変動費として認識する場合もあり、その点を正しく見極めることも必要になります。

そして、最後の「規模の経済の境界の確認」です。つまり、「どこまでいくと規模の不経済に陥ってしまうのか」を理解することです。

今回のケースであれば、どの距離までなら商圏を広げてもコストメリットが得られるのかということはざっくりでもいいので考えなくてはなりません。

また、既存のキャパシティを前提とした場合、どこまで生産を増やすことができるのか、そしてその生産量は平準化できるのかという生産面の部分も押さえなくてはならないのです。

「言葉」ではなく「メカニズム」を理解する

以上、狩野課長が考えるべきポイントをまとめてきましたが、お気づきの通り、「規模の経済」を正しく語るためには、一担当者レベルの視点で業務を見ていては追いつきません。まさに「マネジメント」の視点が求められるわけであり、こうしたところを自分の言葉で語れるか否かが「一担当者」と「ミドルリーダー」の分水嶺になるのだと思います。

よく経営を学習したての人は、規模の経済も含めて、聞きかじった経営用語を乱用する傾向にありますが、重要なのはその言葉を知っているかどうかではありません。その裏側にあるメカニズムをどれだけ把握しているかであり、そしてそれを自社に落とし込んだときにどれくらい具体的なファクトで語れるかということに尽きます。

表面的な経営用語が通用するほど世の中は甘くはありません。表面的な言葉や流行に流されることなく、地に足のついた原理原則に基づいた言葉で語れるまで理解する努力を心がけていただきたいと思います。

参考文献
デイビッド・ベサンコ、デイビッド・ドラノブ、マーク・シャンリー『戦略の経済学』（ダイヤモンド社、２００２年）
ジェイ・Ｂ・バーニー『企業戦略論【中】事業戦略編 競争優位の構築と持続』（ダイヤモンド社、２００３年）

第6章

どうすれば顧客を絞り込めるか?

集中戦略

ストーリー　中堅フィットネスクラブのマーケティングマネジャーの悩み

「こんなはずじゃなかった……」

毎月減少傾向にある顧客数を見るたびに、石川容子のため息の数は増えていった。石川は中堅フィットネスクラブ「ボディ・マネジメント」のマーケティング担当者である。

数年前に国内で義務づけられた健康保険組合による〝メタボ検診〟（特定健康診査・特定保健指導）の義務化の影響で、フィットネスクラブ業界には大きな追い風が吹いた。「メタボ」という言葉は一躍世の中に浸透し、メタボの該当者、およびその候補群はフィットネスクラブへの入会を急いだ。

そんななか、ボディ・マネジメントは時流を見越した積極的な店舗展開とキャンペーンを行い、顧客数の増加、およびシェア拡大に成功した。店舗拡大施策をマーケティング担当という立場で牽引した石川の評価は一気に上がり、社内においては「マーケティングの石川」という名前が知れわたるようになっていた。

しかし、その勢いもつかの間のことだった。メタボ検診義務化の追い風はすぐに終わり、集まった顧客の大半は波を引くように去っていった。ボディ・マネジメントでもかつてないペースで脱会者が相次いだ。

このなかで、大手プレイヤーは黙っていなかった。すぐさま危うくなった中小クラブに買収を仕掛けるとともに、インストラクターの強化やスタジオプログラムのラインナップ増強などを矢継ぎ早に行っていた。

そうした大手の規模化の一方で、今までは当然だったジム、スタジオ、プールという〝3種の神器〟を持たないで参入する新しいタイプの競合も台頭してきていた。彼らは、身軽さを武器に、小規模の店舗開発をローカルな立地に次々に行い、専業主婦や高齢者などの地元志向・コミュニティ欲求の強い顧客を奪っていった。

石川が改めてプレイヤーの状況について時間をかけて整理してみたところ、ひとつの事実に気がついた。

それは、顧客数と利益率の関係性である。高い利益率を上げているプレイヤーは、大手のように幅広い顧客層を持つ少数の企業か、もしくは顧客層を絞り込んで特色のあるサービスを提供するニッチ企業群に限られていた。そして、ボディ・マネジメントに代表されるようなその中間層にいるプレイヤーは軒並み低利益率に陥っていたのである。

「このままでは完全に埋もれてしまう……」

もはや、石川にとって答えは明白だった。

「大手と顧客層の規模を争えるだけの体力はうちにはない。だとするなら、徹底的に顧客を絞り込み、集中戦略で戦うしかない」

石川は、「集中戦略」というキーワードを胸に、どの顧客層にターゲットを絞るべきか、思いを巡らせていた。

理論　「ナンバー1」ではなく「オンリー1」を目指すことが集中戦略の本質

本章ではポーターの「3つの基本戦略」の最後である「集中戦略」について深めていきましょう。

ポーターの定義する集中戦略とは、先にも書いたとおり、「敵がいないところで戦う」ということが本質になります。敵がいないために、販売価格のコントロールがしやすく、また競争のために発生するマーケティングコストなどがかからないため、利益を上げやすくなるということです。

差別化戦略、コストリーダーシップ戦略のいずれもが、「競合と戦うこと」が前提になっているなかでの利潤追求のあり方を模索する戦略であるのに対し、集中戦略とはまず「可能な限り戦いを避けること」を最初のステップとしていることに大きな違いがあります。

別の言い方をするならば、「集中戦略」はナンバー1ではなく「オンリー1を目指す」ことに真意があります*。

では、集中戦略の中身を見ていきましょう。

＊もちろん、実際には何らかの競合が存在するのが通常であり、文字どおり「競合がいない」というオンリー1の状況をつくりだすことはあまり現実的ではありません。ここでは、実際に競合がいるかどうかというより、「競合がいない状況を意図する」ということと理解してください。

局所的市場における限定的なニーズに対応する

まずは集中戦略で成功している(いた)と思われる企業事例をいくつかピックアップしてみましょう。以下は、「週刊ダイヤモンド」における「シェア日本一のニッチな企業」という特集で取り上げられていた企業事例です。

・コミックをビニール包装する機械でシェア90%を取る「ダイワハイテックス」
・天然素材使用の歯ブラシでシェア90%以上を取る「ファイン」
・競技用アナログタイム測定装置で世界トップシェアを取る「ファースト電子開発」
・サクソフォンやフルートの金メッキでシェア95%を取る「日本電鍍工業」
・液晶ディスプレイ製造ライン用の偏光板貼り付け機で世界シェア70%の「淀川メデック」

まさにこのような企業や事業こそが、端的にわかりやすい集中戦略の事例と言えるでしょう。そして、これらの事例をご覧になった方は、市場の存在すら知らなかったというものも多かったのではないでしょうか。

集中戦略は、これらの事例に代表されるように、大きく広がる市場の一部分を局所的に切り取り、そのなかで唯一無二の存在になるということです。

もちろん、市場を切り取れば勝てるということではありません。その局所的な市場のニーズに対応していなければ見向きもされないわけで、そのニーズにはしっかりと合致していることが前提になります。

たとえば、一例として、先に取り上げたコミックのビニール包装機械で戦うダイワハイテックスという会社を見てみましょう。彼らは、「書店」という極めて限られた顧客にターゲットを絞り、幅広いサイズの書籍に対応できる包装機械を開発することで、アルバイト社員などが自分たちで書籍に包装をする手間や時間を削減することに成功しました。

また、万引き防止の防犯関連機器などの提供も手掛け、「書店」という限られたニーズに確実に適応しています。「この30年間、前年対比の売上げを落としたことがない」と社長が言っていますが、* まさに市場を巧みに切り取り、そしてそのニーズに対応することで、「書店にとってのオンリー1の存在」となっていることがうかがえます。

* http://www.kirari-tech.metro.tokyo.jp/miryoku/my_daiwa_h.html より引用

顧客にニーズを聞いても意味はない

では、どうしたらそのような局所的な市場のニーズが見出せるのでしょうか。

集中戦略の本質は、もともとそこに「市場」という概念がなかったところで「市場というものを見出す、つくりだす」ことにあります。

一方、それ以外の差別化戦略やコストリーダーシップ戦略は、すでに市場というものが存在し、その市場のなかでどう戦っていくかということに主眼が置かれています。とするならば、集中戦略においては、まずは市場をつくる前提となるための「ニーズ」そのものを見つけてくることが極めて重要となります。

しかし、やや逆説的ですが、市場のニーズを押さえるためには、ニーズから考えようとしてもうまくいきません。

なぜならば、既存の商品に慣れている顧客に対して、何を新たに求めるかと聞いたとしても、「既存の商品をもっと安くしてほしい」「小さくしてほしい」「色を増やしてほしい」、「機能を増やしてほしい」といったように、顧客自身が既存商品のイメージの枠から逃れることができず、既存の延長線上のニーズしか出てこない場合が多いからです。

では、どうすればいいのでしょうか。第7章で紹介する「イノベーションのジレンマ」でも知られるクレイトン・クリステンセンは、こういう状況に対して、「顧客が片づけなくてはならない用事（＝仕事や課題）から見るべき」と指摘しています。つまり、顧客に「ニーズは何か？　何が必要か？」と聞くのではなく、思考の枠をいったん外して、「今どんな用事を抱えており、それを片づけるためには何が課題だと思っているか？」ということから聞いていくべきなのです。

たとえば、住友化学はアフリカにおけるマラリア予防のために、オリセット®ネットという防虫蚊帳を開発し、その市場で高い競争力を誇っています。現在こそ競争が激化していますが、市場導入当時はアフリカの防虫蚊帳という限られた市場において、競争を回避しながら成長するという、集中戦略の見本事例のような戦い方をしていました。

その開発にあたり、根本にあった考え方が、まさにこの「片づけなければならない用事」を考えるということでした。これを簡単に説明しましょう。

かねてから、マラリア対策のための蚊帳は存在していました。しかし、当時の蚊帳は、殺虫効果のない通常の蚊帳を使い、それを殺虫剤のプールのなかに一定時間浸すことによって、殺虫効果をつけるというものでした。

当然、浸すための手間はかかりますし、殺虫効果が落ちればまた手間です。殺虫剤のプールをつくるための希釈前の薬剤を子供が誤って飲んでしまうといった事故もしばしば起こりました。

したがって、当時、防虫蚊帳を使うために顧客が片づけなくてはならない「用事」とは、「定期的に殺虫剤のプールに蚊帳を浸すこと」であり、「希釈前の薬剤を子供たちが誤って飲み込まないように注意を払っておくこと」だったわけです。

住友化学が開発したオリセット®ネットとは、まさにその用事を片づけるものでした。つまり、殺虫剤に浸しにいく必要がなく、注意を払うべき危険な薬剤も存在しない蚊帳、すなわち、すでに殺虫剤を蚊帳のなかに織り込んであり、その織り込まれた殺虫剤が5年という長期間をかけて徐々に染み出していくという、長期的に殺虫効用が持続する蚊帳を開発したのです。オリセット®ネットは、この市場において、マラリアに対する問題意識の向上と相まって、アフリカにおいて大ヒットしたイノベイティブな商品となりました。

この「片づけるべき用事から考える」ということは、当然、差別化戦略であっても同じ発想の原点になるのですが、集中戦略においてこれを強調するのは、「顧客が絞り込まれているからこそ、その顧客の本質的な関心事や課題意識をつかんでいなければ話にならない」からです。

たとえば、もう少し顧客層を広く取って戦う差別化戦略においては、数多くの顧客を相手にするために、それぞれの顧客に対する理解度は必然的に低くなります。それでも、対象が広いために戦うことができるのです。

一方で、集中戦略においては、「狭い」代わりに「深く」入り込むことが重要になってきます。そのためには、表層的に表れているニーズにとどまらず、その裏側に抱えている顧客の「片づけるべき用事」から考えることがより必要になってくるのです。

図表6-1 「狭く」「深く」考える

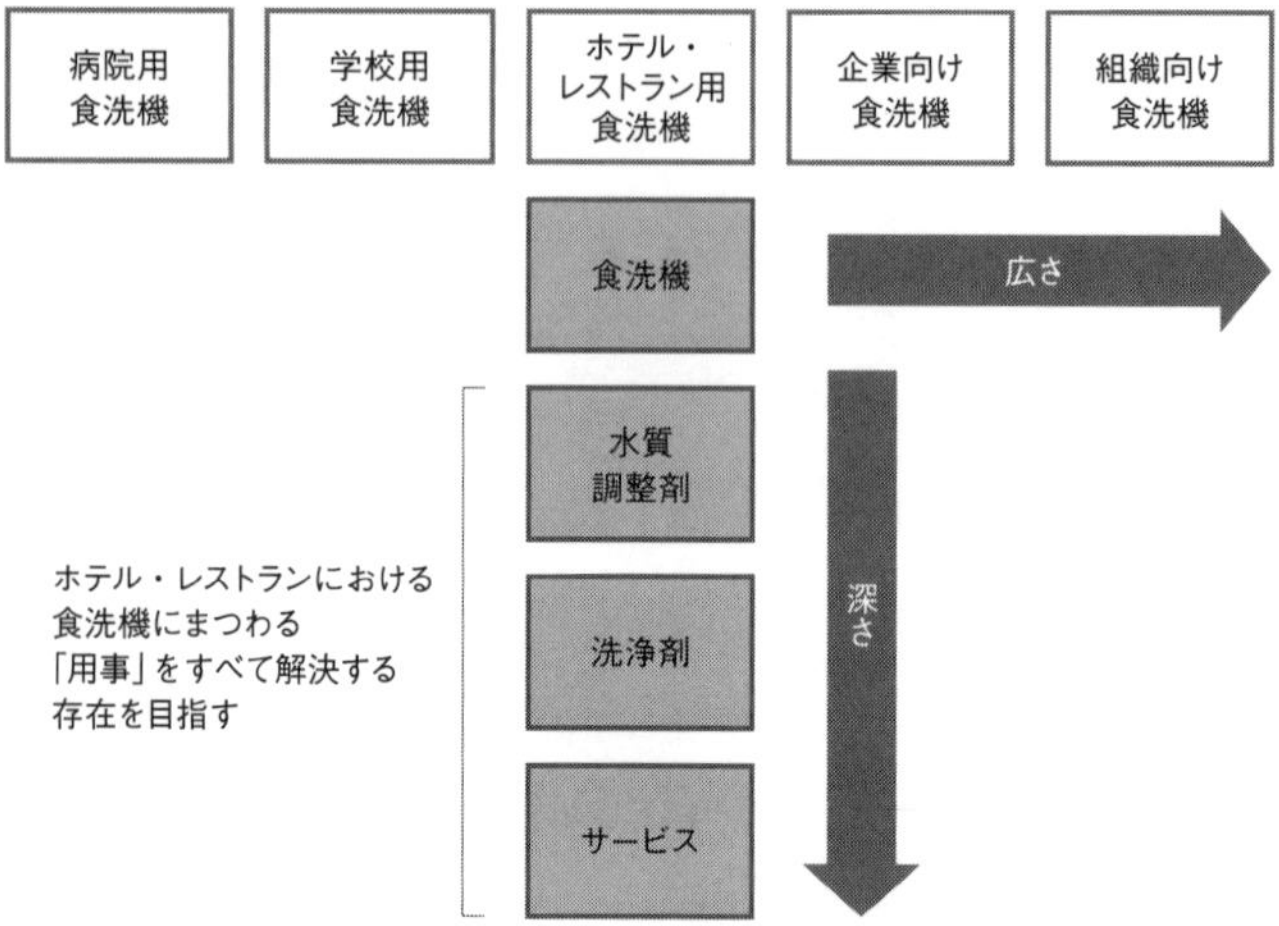

＊ハーマン・サイモン著『グローバルビジネスの隠れたチャンピオン企業』（中央経済社、2012年）より

「狭い」からこそ、市場の広がりが見える

さて、その「狭く」「深く」というキーワードをさらに深めてみましょう。ひとつの具体例をここでご紹介したいと思います。

ウィンター・ハルター・ガストロノームという業務用食器洗浄システムメーカーがあります。業務用食器洗浄システムは、学校、病院、社員食堂などなど、数多くのセグメントに分かれるのですが、当初、彼らは手広くさまざまな顧客相手に食器洗浄システムを提供していました。

しかし、全市場における自社のシェアはせいぜい5％程度であり、戦略としての行き詰まりを感じていた彼らは、あるタイミングで、顧客を「ホテル」と「レストラン」のみに絞り込みます。そして、彼らの事業の定義を、「ホテルとレストランに、きれいなガラス製品と磁器を提供するサービス」と改めました。

ここまでは、「狭く」するということの話ですが、そのように「狭く」した瞬間に、顧客の「片づけるべき用事」が数多く見えてきます。ホテルやレストランという彼らの使用環境にあった洗浄剤を選ばなくてはならないという用事や、通常の水道水を使っていると皿や機械を痛めやすくなるという課題も見えてきます。そうしたことをひっくるめて、彼らが取り組むビジネスとして定めたのです。

まさに、市場を「狭く」したからこそ、逆に市場の「深さ」が見えるのです。

集中戦略は、単にビジネスを狭く捉えることではありません。その本質は、狭くすることで、その深さを見据えることにあります。そして、その深さに徹底的に対応することが、競合他社への優位性や参入障壁につながっていくのです。

「強み」と「ビジョン」に整合していることは大前提

絞ることも重要ですが、その前提として、「自分たちの強みが生かせる」かどうかということも、もうひとつの重要なポイントになります。

「強み」という大きなキーワードで考えようとしても、多くの場合は、そこで思考停止に陥ります。大事なことは、「分解」して具体的に考えることです。

ではどう分解すればいいかというと、ひとつの方法として、3章でご紹介した「バリューチェーン」があります。顧客価値の提供に向けて、具体的に自社がやっていることを切り分けて考えるのです。いきなり大きな塊から考えるのではなく、具体的に分解された各要素のなかで、自社がとりわけ競争力がある部分はどこかを考え、かつ議論することにより、自社の強みが見えてくるでしょう。（ちなみに、住友化学の場合は、上流の殺虫剤の技術力と、薬剤が長期間かけて徐々に染み出すコントロール・リリース技術という力がオリセット®ネットの強みの前提になっています）

絞る際のもうひとつの観点は、「原点に戻る」ということです。つまり、自社はそもそも何をやるべき企業だったのか、どんなことを目指すべき企業なのか、何を成し遂げたいのか、という「ビジョン」や「企業理念」に立ち戻るということです。

絞るということは、その領域にコミットする、そのビジネスに賭ける、ということでもあります。とするならば、その企業の目指したい方向とマッチしていることが大前提になります。ここからまったく外れているところに絞ってみても中長期的に通用する力は生まれません。なぜならば、その領域を深めていく意義が「ビジネスとして儲かりそう」ということ以外に見出せなくなってしまうからです。

変化をあらかじめ織り込んでおく

そのうえで集中戦略においてビジネスを構築する際に気をつけなくてはならないことは、「市場そのものの不安定さ」です。つまり、ある特異な市場を狭く切り取ってそこでオンリー1を目指すということは、裏を返せば、その狭さがゆえに、市場自体の変化の大きさも極めて激しくなるということです。

先にも述べたとおり、差別化戦略やコストリーダーシップ戦略は、市場の定義が広く、多くの顧客をターゲットにしているという前提があります。したがって、一気に市場が変化をするとか消滅するといったことはあまり多くありません。

しかし、集中戦略は極めて局所的であるがゆえに、誰かがそのマーケットに入ってくれば売上げは急減することになりますし、何らかの法改正やテクノロジーの変化などの影響で、一気に市場がなくなってしまうことも十分ありうるのです。

ここから示唆される、集中戦略を立案するうえで大事なことは何でしょうか。

それは、変化を起こすイベントに対してアンテナを鋭く立て、可能な対応策は確実に打っておくということです。

その際に有効な考える軸をご紹介しましょう。

図表6-2 「インパクト」×「可能性」で考える

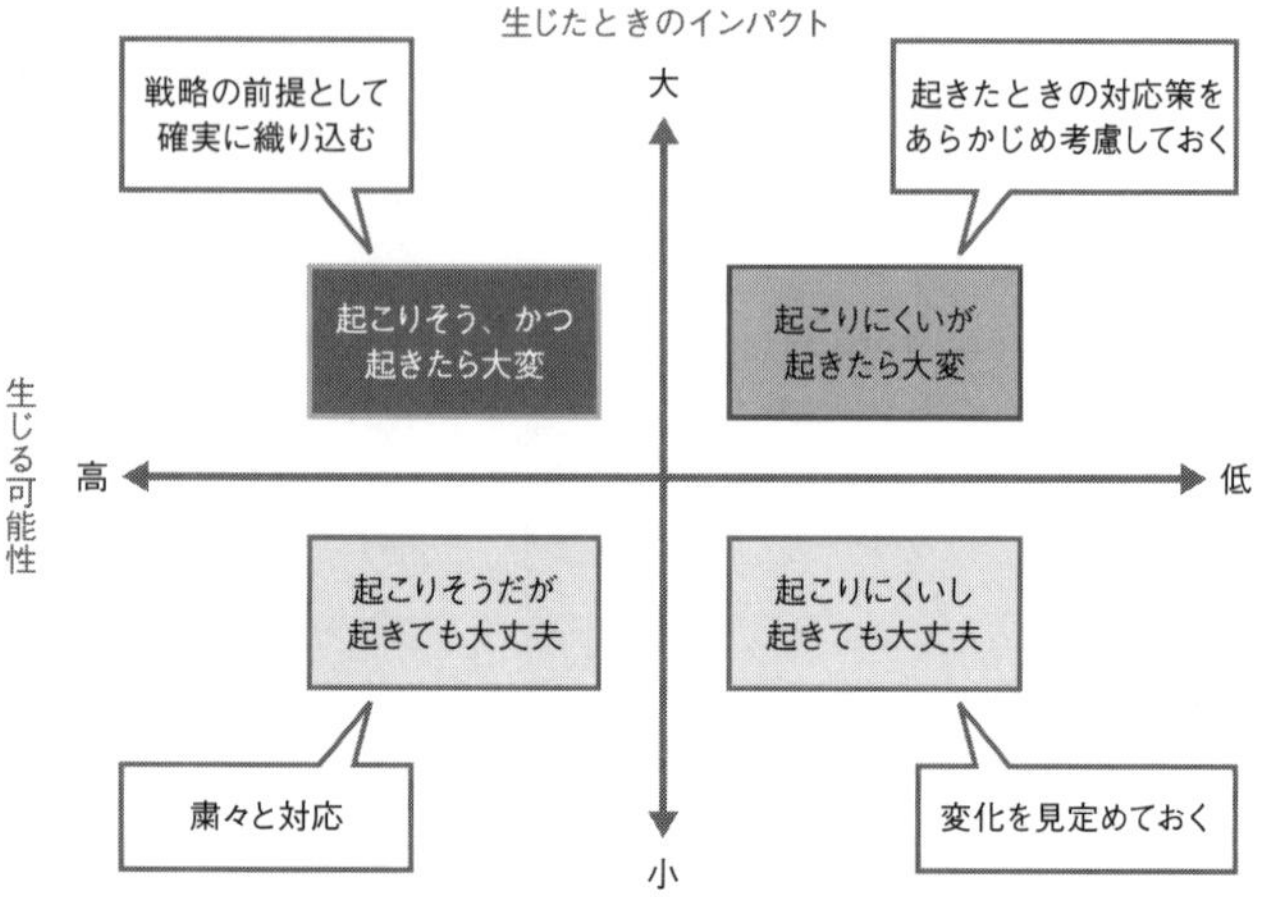
生じたときのインパクト
大
小
生じる可能性
高
低
戦略の前提として確実に織り込む
起きたときの対応策をあらかじめ考慮しておく
起こりそう、かつ起きたら大変
起こりにくいが起きたら大変
起こりそうだが起きても大丈夫
起こりにくいし起きても大丈夫
粛々と対応
変化を見定めておく

集中戦略を取った場合、そのビジネスに影響を与えそうなイベントを洗い出します。そのうえで、「そのイベントが生じた際、ビジネスにどれくらいの影響を与える可能性があるか」と、「そのイベントはどれくらいの可能性で起きるのか」という2軸で切り分けてみます。

当然ながら確実に対応を織り込んでおかなくてはならないのが、「インパクトが大きく」「起きる可能性が高い」ものです。まずはこれを優先課題として定義し、可能なことはすべて戦略的に動かなくてはなりません。

たとえば、法改正の可能性や、大手の参入の影がちらついている場合などは、実際にそうなってから動くのではなく、そうなっても大丈夫なような戦略をあらかじめ打っておくことが重要になるでしょう。

加えて、「生じる可能性は低い」ものの、「起きたときのインパクトは大きい」ものについても、事前の構えは必要になります。たとえば、当社にとって極めて重要なカスタマイズ部品を調達しているサプライヤーがあった場合、もし何かの事情によって調達が不可能になったときのことはあらかじめ考えておく必要があるでしょう。実際に複数購買に動くかどうかは別にして、あわてないように事前にサプライヤーリストをつくっておくなどの対策は考えておくべきです。

このようにして、集中戦略で起きる特有の「変動リスク」については、事が起きる前にあらかじめできることをしておくことが鉄則です。

それを大好きな人が、機動的に身軽に動ける組織であるか?

さて、ここまで集中戦略のあり方についてみてきました。一般に、まったくの新規事業において「集中戦略」を取ることはそれほど難しくありませんが、大企業のなかで既存事業を「集中戦略に転換させる」ということのハードルは非常に高いのが現実です。

ここでは、私が実際に現場の方々と話してきて、大企業のなかにおいて集中戦略を実現するうえで壁になっていると感じることを3点紹介しましょう。

ひとつ目は、「アセット（資産）の壁」です。設備など、すでに大きな固定費を抱えている事業においては、「絞る」ということが直接的に稼働率の悪化につながり、財務上大きなインパクトを与えかねません。

もしそのような固定費型ビジネスを抱えているのであれば、「絞る」ということと「稼働率の安定維持」を両立させるような施策、もしくはそのタイミングで一気に固定費を削減するという思い切った施策を考えない限り、前に進むことはできません。

アセットという観点では社員も同様です。集中する、絞る、ということは、集中する領域に入らない人材を生み出すことでもあります。もし顧客や事業領域を絞るのであれば、その範疇に入らなかった人材をどうしていくのか、何らかの意思決定をすることが必要不可欠です。

こうした難しさゆえに、結果的にどうなるかというと、口先では「絞り込む」とか「集中戦略だ」「ニッチだ」と言いつつ、実態としては今までどおり手広く顧客層を広げたままの中途半端な戦略になってしまうのが現実なのです。

2つ目は、「好奇心の壁」です。つまり、その絞り込んだ先の顧客や市場に対して、現場レベルであまり「好奇心」や「関心」が持てていないということです。

集中戦略を取る以上は、「絞り込む」ということのリスクを十分認識しなくてはなりません。トップがそれを認識していなければ話になりませんが、それに加えて多くの場合、現場を束ねるミドルリーダーがどれくらいその覚悟を持ってビジネスをやっているかが勝負を分けるポイントになります。

覚悟を持つ、ということは、自分たちが定義した業界について、誰よりも理解を深め、その市場や顧客の変化の兆しには人一倍敏感となり、その市場にいる顧客のニーズを満たすためにとことんまで自分の能力を高めていくということです。

もしコミックの包装機械で勝負するならば、書店やコミックについての周辺情報は誰よりも多く獲得していなければならず、そして今後それがどういう変化を見せようとしているのかということに対して目を光らせていないといけません。

そして、自分自身もさることながら、現場の社員の意識、時間配分が、すべて自分たちがターゲットとしている顧客に向いているか、余計なことに時間を割いていないかということをたえず確認しておく必要もあります。それくらい、末端まで意識が統一されていないとならないのです。

しかし、実際に大企業で中途半端な集中戦略を取っている企業においては、ミドルリーダーの人たちと話をすると、そもそもその顧客に対して興味関心すら持てていない、と感じることが少なくありません。「戦略決まって魂入らず」では、集中戦略を成功させるのは厳しいでしょう。

3つ目は「意思決定プロセスの壁」です。

集中戦略で求められるのは、当該領域に対する学習スピードです。誰よりも速くその顧客のことを理解し、改善を積み重ねていくことが競争優位性につながり、参入障壁になります。そのためにも、多くの施策をトライアルで実行し、そしてその結果を踏まえて次の打ち手を考えなくてはなりません。

もし、ホテル・レストラン向けに価値のある食洗機を提供するのであれば、多くの試作品をつくりながら、顧客に試してもらい、改善に改善を重ねていく必要があるでしょう。

ところが、そこに立ちふさがるのが、大企業に典型的に見られる「稟議書文化」のような意思決定プロセスや、営業と開発の距離感などに見られる、意思決定がスムーズにできない組織構成です。多くの人が関与し、根回しやリスクヘッジをしないと何も動かない、という意思決定スタイルでは、学習のスピードが速く回るはずがありません。

つまり、「選択と集中」とか「ニッチ」を唱えることは簡単ですが、つまるところ「それを大好きな人が、素早く機動的に動ける身軽な構造」になっていないと難しいということです。

特に大企業が集中戦略を狙うのであれば、少なくともこの3つの壁をどう超えるかということも含めて考えるべきということを認識してください。

解説　絞った顧客の「用事の広がり」を見出す

さて、それでは今回の事例に戻ってみましょう。現状の中途半端な状況を打破するために、「絞り込む」という方向性はあるかもしれません。しかし、超えるべき壁は数多くあります。

そのなかでも、この状況でまず認識しなくてはならないのは、何よりも「アセットの壁」でしょう。ボディ・マネジメントのようなフィットネスクラブにおいては、すでにプールやジムなどの固定費を抱えているため、稼働率が極めて重要な経営指標になります（一度設備投資をしてしまえば、プールやジムにかかる固定費は変わらないので、稼働率が高ければ高いほど顧客1人にかかる固定費を安くすることができるためです）。その関係で、おそらく、稼働率を下げるような意思決定はしにくいでしょう。

とするならば、設備自体を見直すか、設備自体の稼働率を落とさない施策を考えなくては現実味のある提案にはなりません。

また、もし稼働率の維持を考えるとした場合、よくありがちなのが、「いかにこの設備を使わせるか」という視点で考え始めてしまうことです。しかし、その延長で出てくる施策は、得てして提供サイドの独りよがりにしかなりません。そうではなく、重要なのは、「顧客は誰であり、彼らが片づけるべき用事は何か？」から考えることです。

そして、この顧客の「片づけるべき用事」を深掘りしていくためには、社員の意識面の統一や意思決定プロセスそのものの変更も行わなくてはならないでしょう。

それなりの規模と広がりを持ったボディ・マネジメントが、それらの壁を超えることができるのかが大きな課題になってくると思います。

さて、そこまでを理解したうえで、石川さんはその長い道のりを行く覚悟ができているでしょうか？

集中戦略を志すのであれば、少なくともそういう覚悟を持って一歩を踏み出していかなくてはなら

図表6-3 顧客が持つ固有の「片づけるべき用事」は何か

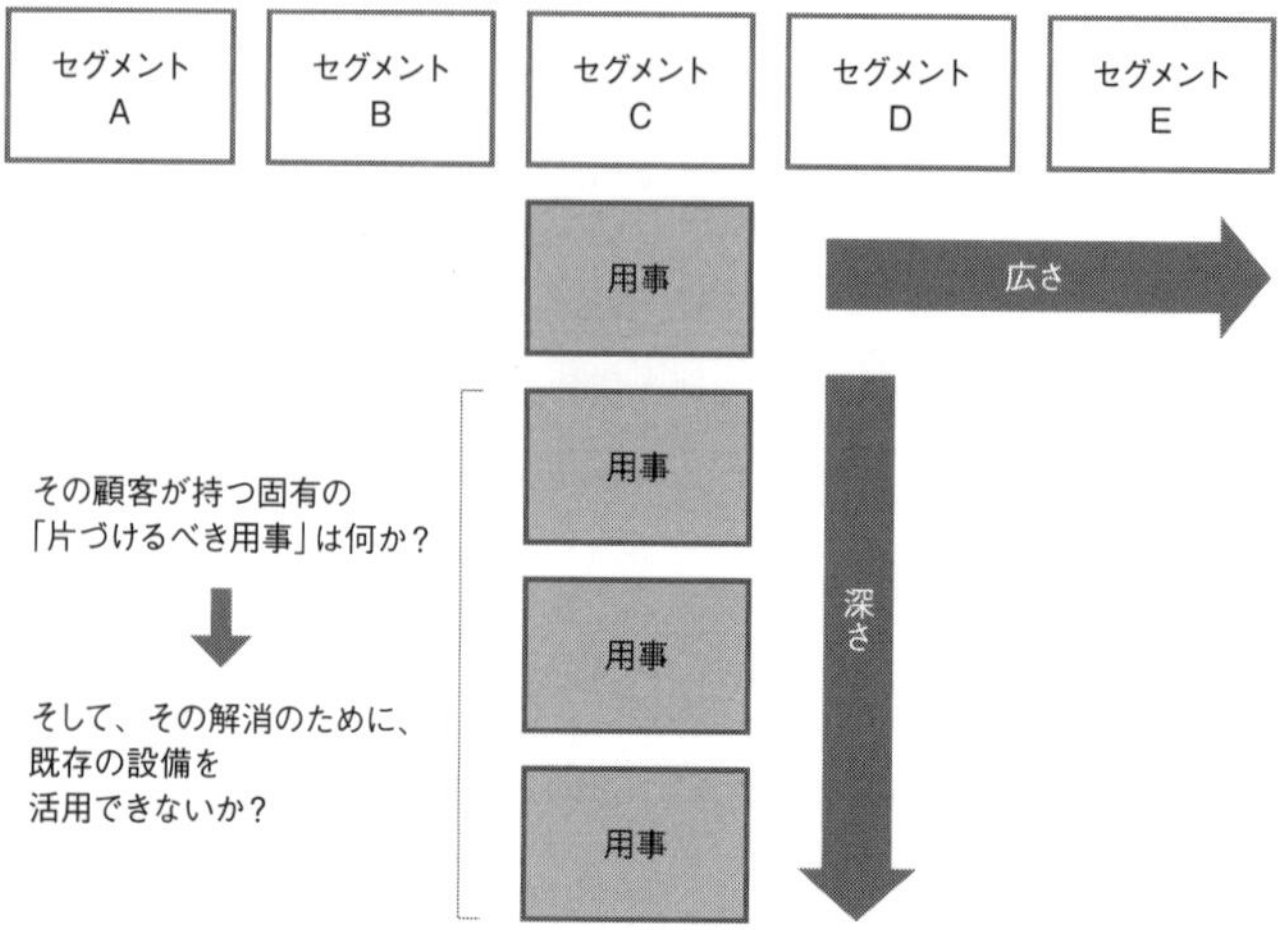
セグメント A
セグメント B
セグメント C
セグメント D
セグメント E
用事
広さ
用事
用事
用事
深さ
その顧客が持つ固有の「片づけるべき用事」は何か？
そして、その解消のために、既存の設備を活用できないか？

ないはずです。当たり前ですが、集中戦略は、単にめぼしいところに絞り込むだけの話ではありません。いくら理想的な土俵を考えたとしても、その後工程を動かしていくことこそが本当の勝負なのです。

「選択と集中ができていない」ということを批判することは簡単ですが、その前にまずは集中戦略自体のセオリーやその難しさを理解しましょう。そのうえで、はたして自社はどちらの方向に舵を切るべきなのかを考えていただければと思います。

参考文献

フィリップ・コトラー、ケビン・レーン・ケラー『マーケティング・マネジメント　第12版』（ピアソン、2008年）
クレイトン・クリステンセン、マイケル・レイナー『イノベーションへの解』（翔泳社、2003年）
ハーマン・サイモン『グローバルビジネスの隠れたチャンピオン企業』（中央経済社、2012年）

第III部

戦略キーワードを理解する

ここまでは戦略を立案するための分析ツールの理解と、戦略の方向性を立てるうえでの戦略オプションに対する考え方を深めてきました。

複雑な事象を理解するためには、その理解手法も非常に多岐に及びます。さまざまな概念が出ては消え、出ては消えていきます。戦略という領域もまさに同様で、多くの学者や実務家たちが、新たなコンセプトを考えては提唱しています。

第Ⅰ部、第Ⅱ部では、我々ミドルリーダーは、流行に影響されることなく、まずは基本的な考え方を理解することを通じて、足腰をしっかり固めるべきであるということをお伝えしてきました。

そのうえで、この第Ⅲ部では、世の中に流布している戦略領域における考え方のなかから、特にミドルリーダーの方々にとってこれだけは知っておいてほしいと思われるものを4つピックアップして紹介していきます。具体的には、以下の考え方です。

・イノベーションのジレンマ
・プロダクトライフサイクル（ＰＬＣ）
・プロダクトポートフォリオマトリックス（ＰＰＭ）
・ＰＤＣＡ

もちろん、「これが入るなら、あれも必要では？」という概念はたくさんあるのですが、紙面の制約もあり、今回はミドルの方に特に理解いただきたいもの4つに絞っています。

この4つは実際、私がさまざまなミドルリーダーの方々と接しているなかで、これらのコンセプトに対する理解を深めることが、現状打破のヒントになるような事例が多かったものです。そのため、あえて理論の網羅感は重視しませんでした。

これらはいずれも有名な概念であるので、皆さんもどこかで耳にした方もあると思います。しかし、「知っている」のと「現場で使える」ということには、天と地の開きがあります。

概念そのものを説明している書籍や文献は多くありますので、ここでは概念を簡単に説明しつつ、現場リーダーの立場での意味合いや落とし穴などを中心に説明をしていきます。

また、すぐにお気づきになると思いますが、これらの戦略キーワードを理解するにあたっては、第Ⅰ部や第Ⅱ部でご紹介した基本的な概念が繰り返し出てきます。

一例を挙げれば、たとえばプロダクトライフサイクル（ＰＬＣ）は、３Ｃ分析における市場分析や、５つの力分析の構造、そして規模の経済性、経験曲線（経験効果）などの理解なくして、本質を理解することはできません。

これからご紹介するすべてのコンセプトは、それだけで単独で成立しているのではなく、基本的な概念と深く関連しているものです。その意味で、ぜひ第Ⅰ部や第Ⅱ部の基本概念のおさらいとしても活用いただければと思います。

それでは、引き続きリーダーたちの苦悩とその解決策をともに考えていきましょう。

第7章

顧客の高い要求にどこまで対応すべきか？

イノベーションのジレンマ

ストーリー　法人向け英会話スクールの営業担当者の悩み

安田栄一は法人向けにビジネス英会話を提供する企業「イングリッシュ・パートナー社（以下ＥＰ社）」に勤めていた。

ＥＰ社は単に企業向けに外国人英会話講師を派遣するのではなく、企業側の状況を的確に把握し、その状況に即した英会話力を鍛えるというカスタマイズ力や実践性の高い英会話を提供することを売りとして、昨今の日本企業のグローバル展開に合わせ、業績を確実に伸ばしていた。

安田はそのなかで、ＥＰ社の最大のクライアントであるメーカー、エレクトロニクス社の営業担当をしていた。

エレクトロニクス社とは長い付き合いであり、ＥＰ社の成長はエレクトロニクス社あってこそと言っても過言ではない。設立当初に知り合いを通じて一部署だけの接点から始まったビジネスが、社内で口コミを呼び、全社的な展開となったのである。

エレクトロニクス社はこの10年間でグローバル展開を急激に始めた企業であり、社員が英語を使う場面や地域は多岐にわたる。現地の政府の要人と交渉することが重要な社員もいれば、何とかｅメールだけでやりとりできればという社員もいる。インド人との英会話力を鍛えたいという人もいれば、電話会議で確実に意見を表明したり、プレゼンテーションを英語で確実にできるようになりたいという人もいる。

通常の英会話サービスであれば、それらをひっくるめて汎用的なレッスンを行うのだが、ＥＰ社はエレクトロニクス社からの要望に基づき、その細かなニーズに確実に対応し、状況にあった会話を指導できるカリキュラムや、それを教えることができる外国人講師の育成力を身につけてきた。

こうしたニーズに応えたサービスは、エレクトロニクス社のみならず、大企業を中心に非常に高い評価を受けた。当然カスタマイズ分だけ他の英会話企業と比較して3割近く割高になるのだが、口コミが評判を呼び、こちらから営業をかけなくても先方から問い合わせが来るようになっていた。やがて、高度なビジネス英会話であればＥＰ社がナンバー1というのが業界の認識となっていった。

安田はそのＥＰ社のなかでも大黒柱的な存在であった。アカウントマネジャーという立場であるが、ＥＰ社のマネジャーは、営業だけをするのではなく、サービスの開発にも携わる。安田のサービス開発力は社内からも圧倒的な評価を受けていた。顧客からのニーズを正しく分析し、どのような場面で英語が必要になるのかを突き止め、そこに合わせたトレーニングを設計することはなかなかできるものではない。

社内も安田のサービス開発力を見習うべく、「安田塾」という名前のトレーニングが週1回の頻度で行われていた。そのカスタマイズ力や設計力を持てるか否かがＥＰ社における昇格の重要なポイントにもなっていた。

エレクトロニクス社も安田の手腕を高く評価しており、安田に対してエレクトロニクス社はいろいろな相談を持ちかけていた。つい最近は、担当者が安田に「英会話に限定せず、異文化マネジメントも含めた海外でのコミュニケーション力を鍛えるサービスがあると嬉しいのだが」ということを伝えていた。

これはまったくの新しいサービスラインであり、EP社にとってもチャレンジであった。しかし、もしそれがうまく行けば、今までのエレクトロニクス社との関係を考えると、既存サービスの3割近いプレミアムが見込めると安田は考えていた。そうなれば、今年の業績は大幅に予算を上回ることは間違いない。社内は色めき立ち、リーダー陣が一丸となって開発体制を組んだ。

しかし、その一方で、順調であったEP社も、最近やや異変を感じるようになっていた。それはインターネットを通じた非常に安価な英会話サービスを提供する企業の台頭である。

中小企業はそれほど予算が取れないこともあり、英会話については、基本的に安価で最低限のサービスを提供するベンダーを利用するのがふつうであったが、さらにインターネットがその傾向に拍車をかけた。EP社にも中小企業の顧客から声がかかることはたまにあったが、手間の割に金額はほとんど見込めない。それよりも、大手のより高度なニーズに対応するほうが業績は確実に上がるし、何よりもEP社の将来的な競争力強化につながると考えていた。

そんなある日、安田は新たな提案を持参してエレクトロニクス社を訪問した。予想以上に工数はかかったが、間違いなくエレクトロニクス社の期待を上回るサービスになる手ごたえがあった。想定どおり、営業現場では、「面白いな」「さすが安田さん」という反応をもらうことができた。

ところが、である。価格の話をしたとたん、その流れは変わった。

「このサービスの見積もりは、別紙のとおりです。ご覧ください」

「……」

先方は黙ったままだ。

確かに既存サービスに対して4割プレミアムの金額は乗せすぎたかもしれない。しかし、エレクトロニクス社との商談はいつもこれくらいからスタートし、たいていは3割プレミアムくらいに落ち着くのだ。

安田は沈黙に耐え切れず「どうでしょう?」と聞いてみた。

「うーん、いや、よいサービスだと思いますよ。確かにね。でも、ここまでうちが払える余裕があるかと言うと……」

そして、畳みかけるように担当者は話し始めた。

「安田さん、実は言いにくいことなんですが、ご存知のとおり、うちの業績が最近急激に悪化していることから、教育予算が取れなくなってきたんです。役員からも、英会話程度のことにそこまで予算をかける必要はないだろう、という意見が出てきて、ちょっと雲行きが怪しいのです。

役員は、英会話が必要な社員は全社員に広がっているのだから、そんなに金をかけなくても半額くらいでできるベンダーはいくらでもあるだろうとか、ネットでの英会話教育の可能性を検討しろなんてことまで言っているのです。いや、正直、役員はよくわかっていないと思うのですがねぇ……。まあ、いずれにしましても、新しい提案も金額を考えると、正直今は無理ですし、既存のサービスも一度値段を検討いただこうかなと思っていたところだったのです」

あまりに想定外のリアクションに、安田は最後のほうはほとんど聞こえていなかった。

最大のクライアントであるエレクトロニクス社を失注するかもしれない？　いや、これは単なる交渉の一環のはずだ。でも……。もし、これが事実だったら、うちの業績はどうなるのだ？　社内にこのことは報告すべきだろうか？　もし失注したら、俺の立場はどうなるんだ？　いろいろなことが安田の頭のなかで回っていた。

理論　優良企業だからこそ失敗する構造とは

本章のテーマである『イノベーションのジレンマ』は、ハーバード・ビジネス・スクールの教授であるクリントン・クリステンセン氏によって書かれた書籍のタイトルでもあり、出版されるやいなや、大ベストセラーとなり、アメリカのみならず、世界中で賞賛されました。

この書籍に書かれたセオリーにはどんなインパクトがあったのでしょうか。

それは、「なぜ優良と言われていた企業が失敗するのか」という問いに対し、その原因を経営者の無能さや傲慢さ、官僚主義、技術不足といったことに帰着させるのではなく、「偉大な企業はすべてを正しく行うがゆえに失敗する」という見解を示したことにあります。

この書籍に定義されている「優良企業が失敗に至るメカニズム」を簡単にまとめると、以下のとおりになります。

①自社の技術よりも高度な顧客のニーズに対応するため、企業は顧客の意見に耳を傾け、新技術（持続的技術）に積極的に投資を行う。優良企業はその勝負において、競争優位性を発揮し、成長を続ける。

②一方で、その競争とは別のところで「破壊的技術」というものが現れる。破壊的技術は、「単純、小型、低価格、低性能」といった特徴を有する一方で、既存の製品が当たり前のように持っている機能が省略されている。つまり、既存製品の改善版ではなく、むしろ今まで既存商品を使ったことがない顧客（無消費者）の課題を解決するものである。

既存の主流顧客は、性能の高い技術を評価するため、「破壊的技術」に対して、当初はまったく見向きもしない。したがって、その主流顧客を相手にする優良企業もその技術を導入しようとは考えないし、実際に顧客もバッティングしない。

破壊的技術は、低性能、低価格という特徴を有するために利益率も低く、優良企業にとってその技術を取り組むインセンティブは短期的には見当たらない（図表7-1）。

図表7-1　既存技術の改善vs.破壊的技術

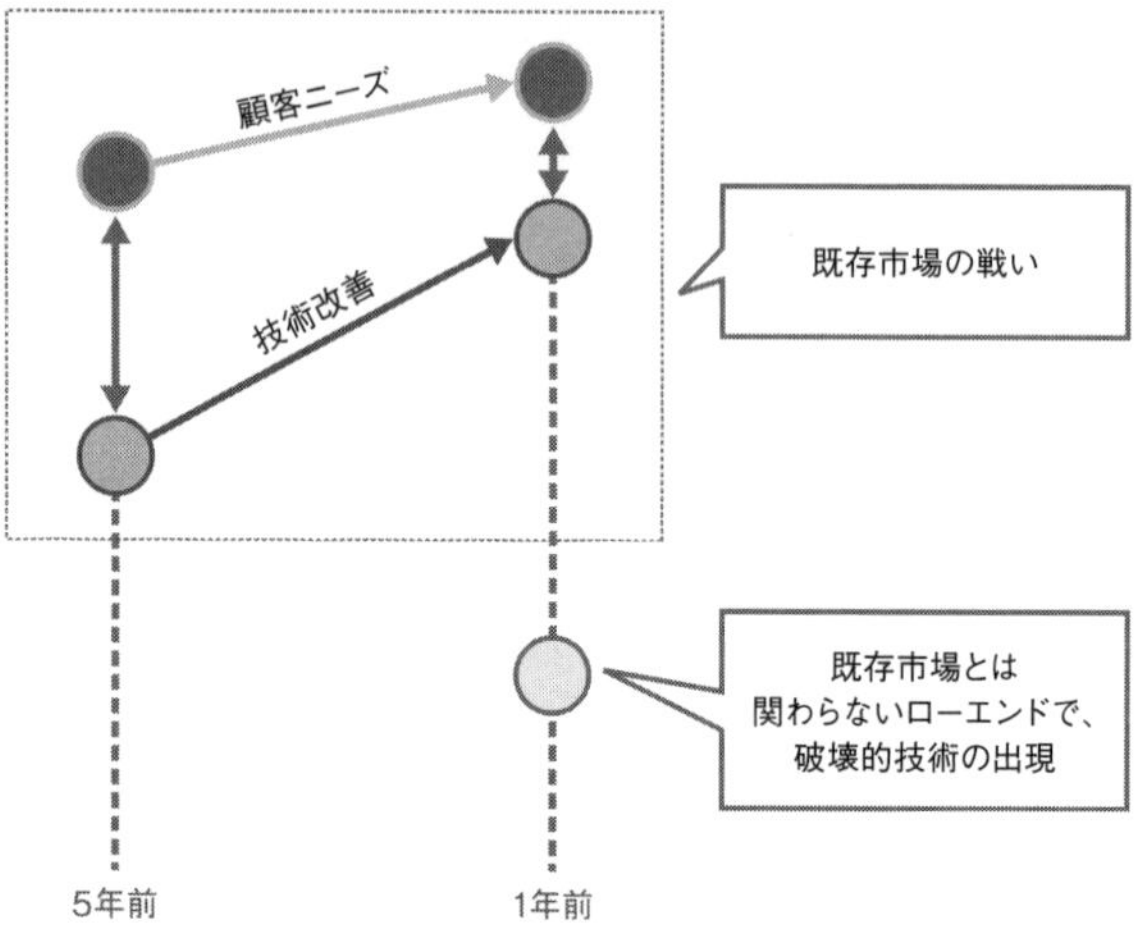

図表7-2　過剰品質の落とし穴

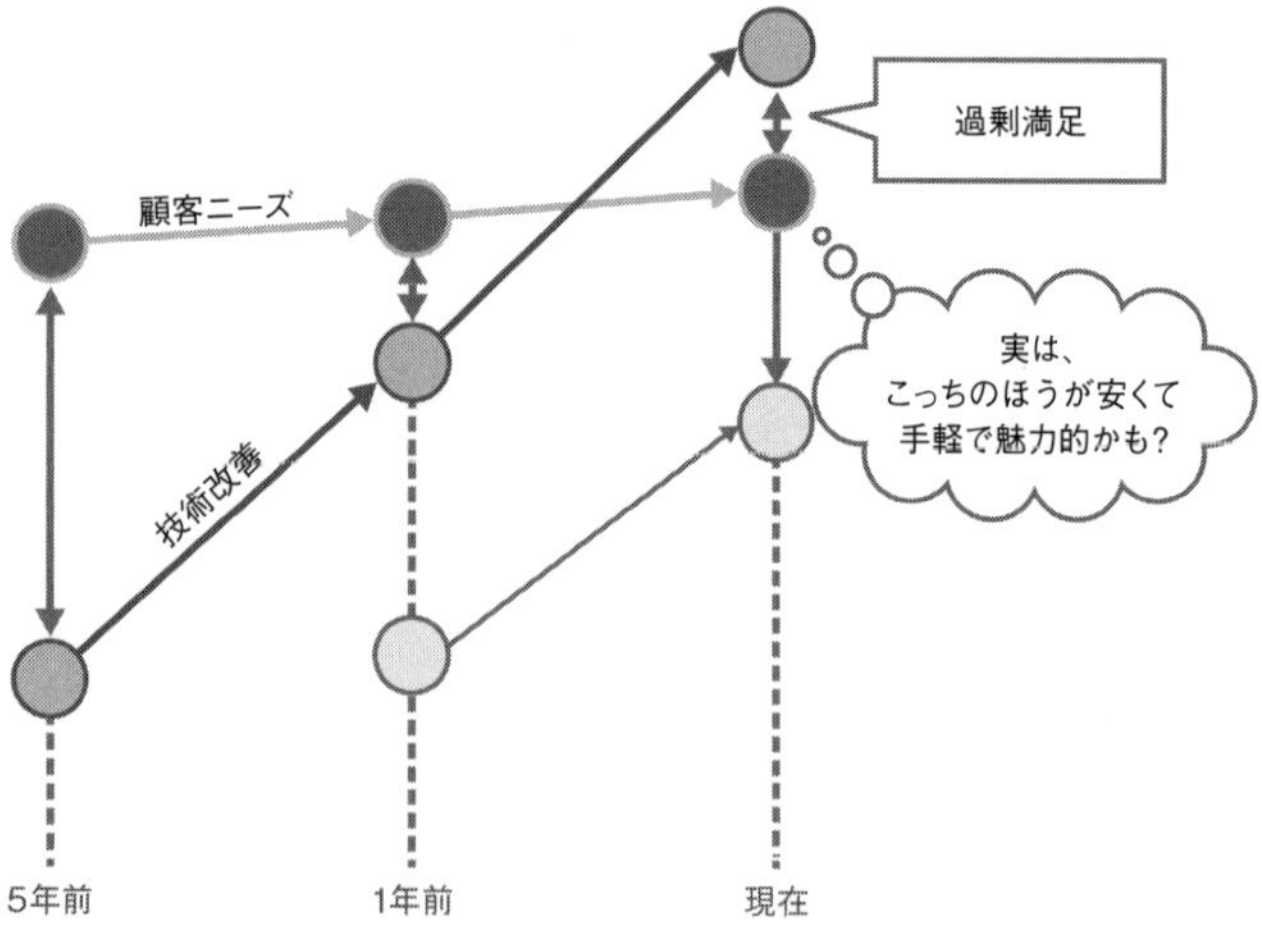

③既存技術の改善のペースは、ある段階で既存顧客が求めるニーズ向上のペースを上回り始め、顧客は金を払ってまでそのクオリティを求めないという「過剰満足」状態となる。
④過剰品質が顧客の価格の許容範囲を超え始めたとき、低価格・低技術だった「破壊的技術」は既存顧客に対して魅力的に映るようになり、次第に競争力を持つようになる(図表7-2)。
⑤既存の「持続的技術」で成長を重ねてきた優良企業は、その「破壊的技術」に気づくが、なかなか「破壊的技術」のレベルに下りることができず、対応を検討する頃にはすでに手遅れになっている。

つまり、「顧客の声に耳を傾け、求められたものを提供するべく積極的に投資をし、利益率の向上を目指す」という優良企業としての行動が、失敗につながる原因になるということなのです。これこそが、「ジレンマ」とされるゆえんです。

この手の事例は業種や地域を問わず、至るところで見られます。

なぜならば、往々にして、顧客のニーズの進化には限界がある一方で、企業側が提供する製品やサービスはたえず進化を続けていくという「慣性の法則」が働くからです。これが過剰満足を発生させ、それが破壊的技術を生み出す土壌になっていくのです。

では、どういう状況になったらこの「ジレンマ」に陥りがちなのかということを、今まで学んだ視点を活用しながら考えてみましょう。

ジレンマに陥らないための視点①：「顧客」の過剰満足を追求していないか？

まず、ここでは3C分析で触れた「顧客」の観点から考えていきたいと思います。

ジレンマに陥る前に、まず見極めたいのが、顧客側にとっての「過剰品質」があるかどうかということです。

先に述べたとおり、顧客に対して過剰な性能を提供してしまうことが、破壊的イノベーションを生み出す素地になります。したがってまずは過剰満足を早く見極めることが重要になります。では、顧客の「過剰満足」はどうやって見極めればいいのでしょうか？

ここで、3C分析の章で触れた「顧客分析」を振り返ってみましょう。重要だったポイントは、「固有名詞」レベルで考え、一人の顧客の動きを具体的にイメージするということでした。これがまず大事な原理原則です。

そしてもうひとつは、集中戦略の章で触れた「顧客が片づけるべき用事から考える」というポイントです。

つまり、考えなくてはならないのは、自社が提供している製品やサービスを、「顧客はどのような用事を片づけるために使っているのか」ということに立ち返って考えてみることです。

この話は当たり前のように聞こえるかもしれません。しかし、実際の場面では、その当たり前が行われていないことのほうが多いのが事実です。このような「片づけるべき用事」から離れてしまいがちな典型的な3つの状況をご紹介します。

ひとつは、表面的な数値や傾向だけで物事を判断するケースです。3C分析で言うならば、「市場分析」はしているが、「顧客分析」はしていないという状況です。「市場の伸び率が何％ある」とか、「このセグメントにはまだリーチできていない顧客が何百人いる」といった大きな全体傾向の数値は、非常にインパクトがありわかりやすいのですが、その一方で一人ひとりの顧客の姿がおろそかになっていることが少なからずあります。

2つ目は、競合との競争が物事の判断軸の中心になっている組織です。競合が具体的にどんな機能を追加してきているか、どんなサービスで勝負を仕掛けてきたかということは、こちらも非常にわかりやすく、また競争心をかき立てられるものです。しかし、競合の動きが判断軸において過剰に意識されるようになると、顧客の姿が見えなくなりがちです。

ホンダでエアバッグの開発に成功し、経営企画部長を努めた小林三郎氏は、『ホンダ　イノベーションの神髄』という著書で、このような事例を紹介しています。

1972年のこと。将来のホンダの安全戦略について、後の社長であり当時専務だった久米是志氏に対してプレゼンテーションをする場面です。小林さんがプレゼンを始めたところ、久米さんが激高し始めたそうです。大手競合の取り組みを説明し、肝心のホンダの取り組みの話までたどり着いていないところで、なぜか怒り始めた。そこで久米さんが語った言葉を引用します。

「他社の話なんて聞きたくない。それは相対的な話にすぎない。あんたは今、ホンダの安全の方向性を決めているんだ。そのときになぜ他社の顔色を見るのか」

まさにこの指摘のとおり、「競合が何をやっているか」ということが議論の起点になってしまうと、物事の本質、つまりは顧客そのものを見失う可能性があるということを気づかせてくれる話です。

3つ目は、開発者に見受けられがちな「職人気質」的な改善意欲が高い組織です。もちろん、それ自体が悪いということではないのですが、改善自体が目的化してしまうと、「自己満足」に陥って、求められていない改善も追求してしまう恐れがあります。

こうした傾向がある組織は、結果として「よいサービスだが、価格を払ってまで買うつもりはない」という過剰満足の状態を生み出します。そして、それがやがては「ジレンマ」に陥ることにつながるのです。

ジレンマに陥らないための視点②：「代替品」を「脅威として対応」していないか？

ジレンマに陥らないためのもうひとつの視点は、「5つの力」から考えられます。

イノベーションのジレンマのひとつの特徴は、「今までは業界内にある競合と見られなかったようなプレイヤーが大きな力を持ち始める」ことにあります。

この「ジレンマ」の源泉にある破壊的技術は、単純性、利便性、低価格などの新しい価値を提供する一方で、一部の「当然と思われていた性能を犠牲」にすることです。この「当然と思われていた性能が犠牲になっている」という観点で、「同じ業界のプレイヤー」とは見なされないところに特徴があります（たとえば、旧来型の新聞業界に対して、スマートフォン向けにネットからの記事を配信するプレイヤーの位置づけをイメージするとわかりやすいかもしれません）。つまり、単なる「業界内の戦い方」ではないところにその難しさがあるのです。

これを、「5つの力」分析で表現するならば、この「ジレンマ」の中心は、「代替品」とどう戦うかということになります。

当然ながら、業界内のプレイヤーは、この代替品の存在にまったく気づかないということはありません。業界内の顧客とは違い顧客を相手にして、徐々にその勢力を広げつつあるということは認識していると思います。

ポイントは、こうして破壊的技術を持つ代替品が台頭してきた際、「脅威に対処する」という姿勢で臨んでしまうことです。

どういうことかを具体的に考えていきましょう。

破壊的技術を持った代替品プレイヤーが台頭したとき、通常は、当然ながら「うちの事業を脅かしかねない存在が出た」ということで、「脅威」と見なします。その認識自体は問題ありません。大事

図表7-3 「脅威」への対応策

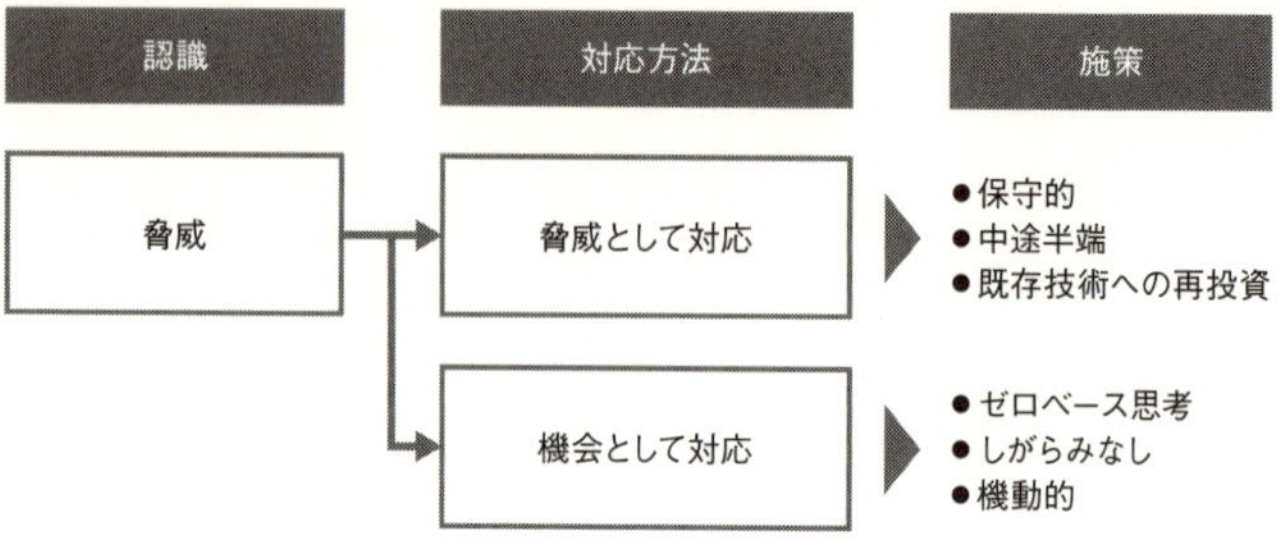

なのは、そこからの対応です。

もしそのまま、「脅威への対応策」というスタンスで、戦略を考えるとどうなるでしょうか？

既存の顧客は従来の事業の生命線であり、この顧客は死守しようとするでしょう。当然ながら、既存のビジネスありきで考え、そして「おまけ」として、この代替品プレイヤーに対応ができるような策を考えるはずです。

当然、「既存のビジネスを守る」という前提で考えるわけですから、対策は、破壊的技術に対しては「様子見」、もしくは「本格的に何かあったときに対応できるようにしよう」という程度の打ち手になりがちです。そしてその一方で、既存の顧客を満足させるためにさらなる投資を行うなど、自ずと既存ありきの保守的な打ち手になります。

こうした「脅威としての対応」こそが、本質的な対応の遅れを生み出す結果につながるのです。

では、どうすべきなのでしょうか？

同じくクリステンセンが著した『イノベーションへの解』では、

それに対して、「破壊的技術を『脅威』として認識しつつも、対応としては『機会』として捉えることができる『独立した小さな組織』に責任を任せるべき」と述べています。

ここで重要なのは、「独立している」「小さい」組織ということです。

既存の組織から独立していることで、既存の組織が既存の顧客とともに培ってきた「業務プロセス」や、「価値基準」とは関係ない形で意思決定ができるようになります。

また、「小さい」組織であるために、当初は小さい市場規模である破壊的技術の市場に対してもポジティブに取り組むことができるようになります（大きな組織であれば、市場規模が小さいというだけで、その市場に対応する理由がなくなってしまいます）。

つまり、「5つの力」で言えば、「業界内」vs「代替品」という構図で戦うのではなく、新しい組織を「代替品」市場のなかにつくり、「業界内」の既存組織のしがらみとはまったく切り離された意思決定を行うべきということです。

このような機動的な対応ができないと、まさに「既存事業」と「新たな脅威」とのジレンマの狭間に落ちて身動きがとれなくなってしまうのです。

ジレンマに陥らないための視点③：仮説思考で考えているか？

ジレンマに陥らないために、最後に強調しておきたい点が、その際の対応における思考モデルです。

結論から言えば、3C分析の章で触れたとおり、この破壊的技術への対応においては、「仮説思考」で臨まなくてはなりません。

どういうことか、もう少し詳しく説明しましょう。この「代替品」による破壊的技術の市場は、既存の市場以上に、どう変化するのかの予測が立ちません。なぜならば、破壊的技術は、往々にして顧客が誰かもわからず、顧客自身もどう活用していくべきか未知数であり、明確なデータも存在していないからです（先のたとえでいうならば、新聞の市場規模や今後の使い方はある程度角度の高い予測ができますが、スマートフォンのネットアプリや市場規模の展開の予測は、桁違いに難しくなるでしょう）。

したがって、既存の市場では当たり前のように行われていた「慎重で綿密な計画」のもとに実行を推進するという「目標管理型」モデルが使いにくいのです。

そうではなく、ある仮説をもとに実行し、その過程で発見や学習を重ねていくことで、柔軟に計画を変更しながら推進していくという「仮説思考型」、もしくは「発見・学習型」*とも言うべきモデルがフィットしてきます。

この管理手法をひとつ間違えてしまうと、破壊的技術の市場に対して、入念に計画を立て、後戻りができない大きな意思決定をしてしまい、その意思決定を正当化するための実行施策に陥ります。そこには、「発見」や「学習」という概念はなくなり、目標と現状の差分を埋めることだけに精一杯になってしまいます。

だからこそ、まさに3C分析のところで説明したような、「仮説思考型」のアプローチが求められるのです。

＊『イノベーションへの解』においてクリステンセンはこのタイプのアプローチを「発見志向計画法」と述べています。

解説　過剰満足の罠を回避するために

さて、このセオリーを踏まえて、安田さんの状況を見てみましょう。

まず、このEP社においては、残念ながら顧客の「片づけるべき用事」ということに対して、ほとんど考察がなされていないことに大きな課題点があるでしょう。

厄介なのは、安田さん自身も「顧客のニーズを無視しているわけではない」ということです。むしろ、顧客から出てくるニーズは理解しており、それにフィットした解決策を提案しようと、一見正しい行動をしているように見受けられます。

しかし重要なのは、ニーズの裏側に隠された「用事」です。

それぞれの企業は、いったいどんな用事を片づけるために、EP社、もしくは英会話サービスを活用するのでしょうか。

「社員が海外駐在や出張に行った際に苦労する」という用事を片づけるため？

それもあるでしょう。しかし、ひょっとしたら「余り気味の予算を消化する」という用事を解決する手段かもしれません。「担当者個人が昇格への成果として新たなチャレンジを何かしなくてはならない」という用事かもしれませんし、「採用時に学生向けにグローバルというキーワードをアピールする」ということなのかもしれないのです。

それぞれの顧客において、それぞれの「用事」があります。これを考えずして、表面的な「ニーズ」ばかりを追いかけていくと、気づかぬうちに「過剰満足」の罠に陥ります。

その観点において、まさに安田さんの直面している状況は、「用事不在」の過剰満足に陥っていたと言えるでしょう。

現場の頑張りがかえって傷を広げる

では、その状況を理解したうえで、代替品の脅威が高まるなかにおいて、何をすべきでしょうか。

現在のEP社においては、既存の高度な英会話サービスにフィットした業務プロセス、そして価値基準が明確にあります。「安田塾」のようなサービス向上のトレーニングや、カスタマイズ設計力が昇格基準になっていることなどは、その最たる例でしょう。

とするならば、この組織に代替品であるネットの英会話サービスの対応を考えるのは不可能でしょう。少なくともいくら安田さんが優秀だからといって、彼がこの既存ビジネスの延長で手がけるのは無理でしょう。

この状況においては、理論編にも書いた通り、既存の組織とは独立した小さな組織を一刻も早く立ち上げなくてはなりません。

そのためにも、安田さんは、この代替品サービスの脅威を正しく認識する必要があります。

怖いのは、安田さんのように既存のビジネスにおいて価値を発揮してきた人材は、代替品の脅威を認める前に、既存のビジネスを拡張させることで穴埋めを図ってしまうことです。また、厄介なことに、その対応によってリカバリーができてしまうケースが少なくありません。

しかし、その頑張りによって、ネットの脅威はなくなるどころか、その顧客層は広がり、技術基盤も広がっていきます。既存のビジネスを追求し、穴埋めすればするほど、大きな「ジレンマ」に陥ってしまうのです。

数人で小規模の予算を持ち、既存のビジネスとはまったく違う業績管理で図られる組織をつくる必然性を、現場を知る安田自身が、経営陣に正しく状況を説明することが求められるのです。

大事なのは、「ミドルリーダーが無理して頑張らない」ということです。既存組織にいるミドルリーダーが頑張れば頑張るほど、対応は遅れます。こうしたセオリーを理解し、現場から経営陣に危機意識を伝え、迅速な意思決定を迫ることこそが大事なのです。

『イノベーションのジレンマ』には、多くの企業が理解すべき原理・原則が網羅的に書かれています。戦略思考をマスターするためにも、「3C」や「5つの力」の関係性と結びつけながら、この強力な原理原則を理解しましょう。そこには大きなヒントがあるはずです。

参考文献

クレイトン・クリステンセン『イノベーションのジレンマ　増補改訂版』(翔泳社、2001年)
クレイトン・クリステンセン、マイケル・レイナー『イノベーションへの解』(翔泳社、2003年)
スコット・アンソニー、マーク・ジョンソン、ジョセフ・シンフィールド、エリザベス・アルトマン『イノベーションへの解　実践編』(翔泳社、2008年)
小林三郎『ホンダ　イノベーションの神髄』(日経BP社、2012年)

第8章

成熟期からは衰退期に行くしかないのか？

プロダクトライフサイクル（PLC）

ストーリー　大手旅行代理店のマーケティング担当者の悩み

沢田新市は入社してから今までのことを振り返っていた。沢田は、高校卒業後に大手旅行会社であるワールドトラベリング社に入社して、早くも25年が経つ中堅社員だ。自分ではまだ認めたくはなかったが、もはやベテランの域に入ってしまったことを徐々に自覚しつつあった。

沢田が入社した当初は、業界全般も、ワールドトラベリングの業績もすべて右肩上がりだった。沢田は法人営業からキャリアをスタートしたが、当時は社員旅行や修学旅行の需要などが大きく、何をやっても業績は伸びる一方だった。競合に勝つために、いかに足で稼ぐか。一日何件訪問できるか。沢田が若い頃は、そこを目標に掲げれば、売上げは自然とついてきた。靴をすり減らしながらお客様を訪問し、あの手この手を駆使しながらその懐に入っていく。

長年現場で培った営業スキルは今でも若手には負ける気がしない。しかし、業界の風向きは徐々に変わっていった。ドル箱であった修学旅行も少子化の影響で伸び悩み、社員旅行も減る一方。個人旅行のほうを見渡してもネットの台頭が著しく、正規の代理店を通さないパターンが増えているようだった。

結果的に、ワールドトラベリングのここ数年の売上げは停滞し、ネット業者との過当競争に陥り利益も徐々に減少する傾向にあった。社内にあったかつての勢いはどこに消えてしまったのか。「これがまさに成熟期ということか……」と沢田は深いため息をついた。

成熟期。それは、沢田が最近学んだ経営用語のひとつであった。沢田は、最近の業界の低迷を憂い、自身の仕事で何か変化を起こせないかと考え、ビジネス書籍を手当たり次第読み始めていた。そこで目に留まったのが、「プロダクトライフサイクル（Product Life Cycleの頭文字を取りＰＬＣとも呼ばれる）」という理論である。その理論によれば、新しい製品の売上げは、時間の推移に伴ってＳ字型の曲線を描いていくということであり、導入期、成長期、成熟期、衰退期という4つのステージがあるとのことであった。

このうち成熟期とは、「製品やサービスの潜在需要がほとんど顕在化し、売上高の成長が鈍化する状態。利益は価格競争の激化などにより低下の傾向を見せ始める」とあり、実際、沢田のいるワールドトラベリングでも、売上げ成長のストップと利益の低下という症状が見られていた。「自分が入社した頃は、まさに成長期だったな。でも今は成熟期か。とすると、後は衰退するしかないのか……」

昨今新聞などではエレクトロニクス業界の苦境が伝えられている。確かに量販店に行けば、多くのエレクトロニクス製品は激しい価格競争に陥っている様子であり、これではどの企業も儲からないだろうと思っていた。新興市場においても、ローコストプレイヤーには太刀打ちができないという記事が多い。

「エレクトロニクスも成熟期か……」。沢田の高校時代の仲間は意気揚々とエレクトロニクス業界へ就職していった。彼らは今どうしているのだろう。沢田はそんなことを思い浮かべながら、自分たちの業界の先行きを見るようで、暗澹たる気持ちになった。

しかし、先日の飲み会で部署の若手と話したとき、「まだまだ旅行業は成長過程にあるはずです。成熟期だとか言って悲観的な空気をつくらないでください」と言われてしまった。確かにその心意気は認めたいが、昔の成長過程を知る立場としては、この業界の先行きを案じざるを得ないのも事実だ。

沢田は業界が衰退期に入る前に、自分のビジネスとともに、今後の自分の身の振り方を真剣に考えなくては、と漠然と考えていた。しかし、何をどうしたらいいのかとなると、思いあぐねるばかりであった。

理論　製品・サービスの栄枯盛衰の4ステージ

一般的に製品は、その成長から衰退までいかなる軌道を描くのかというライフサイクルにかかわる研究は50年代、60年代を通じて、数多くの研究者によってなされました。そして、マーケティングの大家であるフィリップ・コトラーによって、「プロダクトライフサイクル理論」（以下、ＰＬＣ）が広く認知されることとなりました。

その理論の要点を簡単に説明しましょう。ストーリーでも触れたとおり、製品やサービスのライフ

図表8-1　PLCの理論の概要

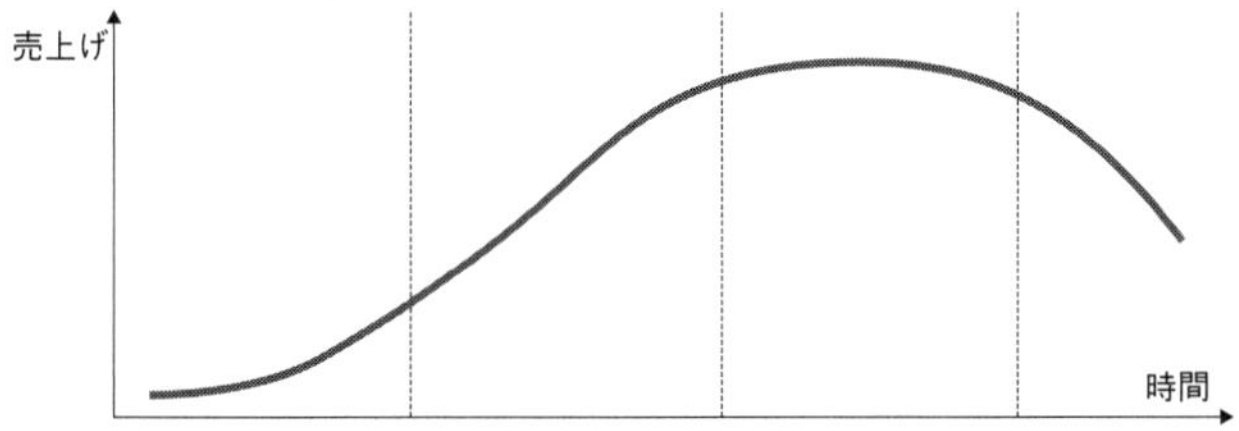

ステージ	導入期	成長期	成熟期	衰退期
売上げ	低水準	急成長	維持・ピーク	低下
資金需要	高水準	高水準 （比率は低下）	低下	低下
競合	ほとんどなし	増加	安定・減少	減少
顧客	先駆者	初期採用者	マス・市場全体	遅滞者

サイクルは、「導入期」「成長期」「成熟期」「衰退期」の4つに大別できるとされており、ステージごとに特徴的な傾向が定義されています。

新製品やサービスが導入された直後の「導入期」においては、初期投資費用が必要である一方で、その投資に見合うだけの規模の経済（第5章参照）や経験曲線による効果（186ページ参照）が十分ではないため、価格は高く、利益もほとんど望めません。

しかし、やがて市場が拡大していくと、引き続きマーケティングコストなどはかかるものの、規模や経験曲線によってコストが削減され、利益も拡大していきます。一方で、「成長期」のステージでは、多くのプレイヤーが類似商品やサービスをもって参入を始めるため、徐々に競争環境は厳しくなっていきます。

そして、製品やサービスが顧客全般に広まることにより市場の拡大が止まると、当然ながら売上げも頭打ちになります。これを「成熟期」と言います。しかし、このステージに入ると、一般的には導入期などと比較して多額の投資を必要としないために、コストもそれほどかからず、結果的には利益額はこの時期に最大化し、そして最終的に減少の傾向を見せ始めます。

また、この時期には過去の累積生産量によるコスト構造も決まってしまうため、概して大きなプレイヤーは相対的に低コスト構造となり、後発の中小企業がそのコスト構造を実現することは難しくなります。そのために、新規参入プレイヤーの数は成長期と比較して減少します。

そして、隣接分野で新たな市場が立ち上がることなどにより、市場規模が縮小し始めます。いわゆる「衰退期」です。衰退期では、売上げがマイナス成長となる一方で、コストは変わらないために、利益額は減り、競合も新たな魅力的な市場を目指して撤退をし始めます

ステージごとに採るべき戦略の定石がある

ステージごとに採るべき戦略は、当然のことながら異なります。たとえば導入期においては、市場における認知度が低く、顧客が使用イメージを持ちにくいこと、もしくは将来の価格低下を期待した買い控えなどの起きることが大きな障害となります。そのために、製品の本質的な機能を徹底的にわかりやすく伝えていく必要があります。販売先を絞り込むことや、販売先に多くのインセンティブを

与えることなどを通じて、最終顧客との接点において、確実なコミュニケーションを行っていくのが定石です。

成長期においては、製品の本質的な機能に加え、補助的機能を加えて全体的な魅力を向上させることが重要になります。価格は、規模や経験効果を踏まえ、低めに設定することで普及を狙い、チャネルは導入期と比較して大きく広げていきます。大々的なプロモーションを通じて顧客からの指名買いを期待するケースが多くなります。

成熟期においては、次第に企業ごとに業界のポジションが定まってくるために、業界何位企業なのかによって採るべきアプローチが変わってきます。また、さまざまな施策が考えられますが、これは後述します。

最後に衰退期は、見切りをつけてその市場から撤退するか、もしくは最後まで残ることによって残存者利益を狙うというアプローチが定石となります。

PLCのステージは「市場の広がり」をどう定義するのか次第

ここまでは一般的な定石であり、感覚的にもイメージしやすい内容だと思います。しかし、この理論はそこまでの理解で止まっていては実務上使いこなすのが厳しいのも事実です。

ひとつの大きな理由は、もしステージごとに採りうる戦略の定石があったとしても、実際には自分たちのステージがどこにいるのかを見極めることは意外に難しいからです。

結論から言うと、自分たちのステージは「自分たちが戦う市場をどう定義するのか」に大きく依存しますが、その設定が難しいのです。携帯電話を例に考えてみましょう。今現在、携帯電話のステージはＰＬＣ上のどこにあるのでしょうか？　日本において1億台以上が普及している現状を踏まえると、おそらく多くの人は「成熟期」と答えるでしょう。しかし、もう少し細かく見てみるとまったく様相は変わります。

たとえば「ガラケー」と言われるフィーチャーフォンはどうでしょうか。成熟期の後半、もしくは衰退期かもしれません。その逆にスマートフォンと言われる製品は、まだまだ成長期の段階でしょう。また、スマートフォンは成長期と言いましたが、これは日本という市場を前提に考えています。しかし中国内陸部やアフリカ諸国で見てみるとどうでしょう。これは今後爆発的に市場が伸びることが期待されているところで、ひょっとしたら導入期のステージかもしれません。

つまり、ＰＬＣのステージは、「自分たちはどの市場で戦うのか」ということの定義によって様相がまったく変わってくるのです。

「客観的・自動的にＰＬＣのステージが決まるわけではない」ということが、実務面で直面する難しさになります。

意外に「感覚的」な市場規模

もうひとつ、難しいのは、市場規模やその成長率が「感覚的」に捉えられていることが多いということです。ちょっと自分に問いかけてみてください。皆さんが所属している業界のここ5年くらいの年平均市場成長率はいったい何％だったでしょうか？　１％？　２％？　はたまた４％？

この感覚的な数値と、実際のデータを見比べてみてください。意外に差があるものです（ちなみに、市場成長率において、20％成長と21％成長には大差ありませんが、１％と２％は大きな違いです）。

３Ｃ分析で触れたマクロの「市場分析」においては、数字が極めて重要です。このＰＬＣの立ち位置を正しく把握するためにも、市場の全体感はいつも数値で理解しておくようにしておく必要があるでしょう。

ライフサイクルの「曲線」を予想するための「５つの力」分析

もうひとつ大事な点は、「すべての製品やサービスは、必ずしもきれいなＳ字カーブを描くわけではない」ということです。

コトラーの原典をあたると、そこには「反復型」「波打ち型」「ファド」などのいくつかのパターン

図表8-2　PLCの典型的なパターン

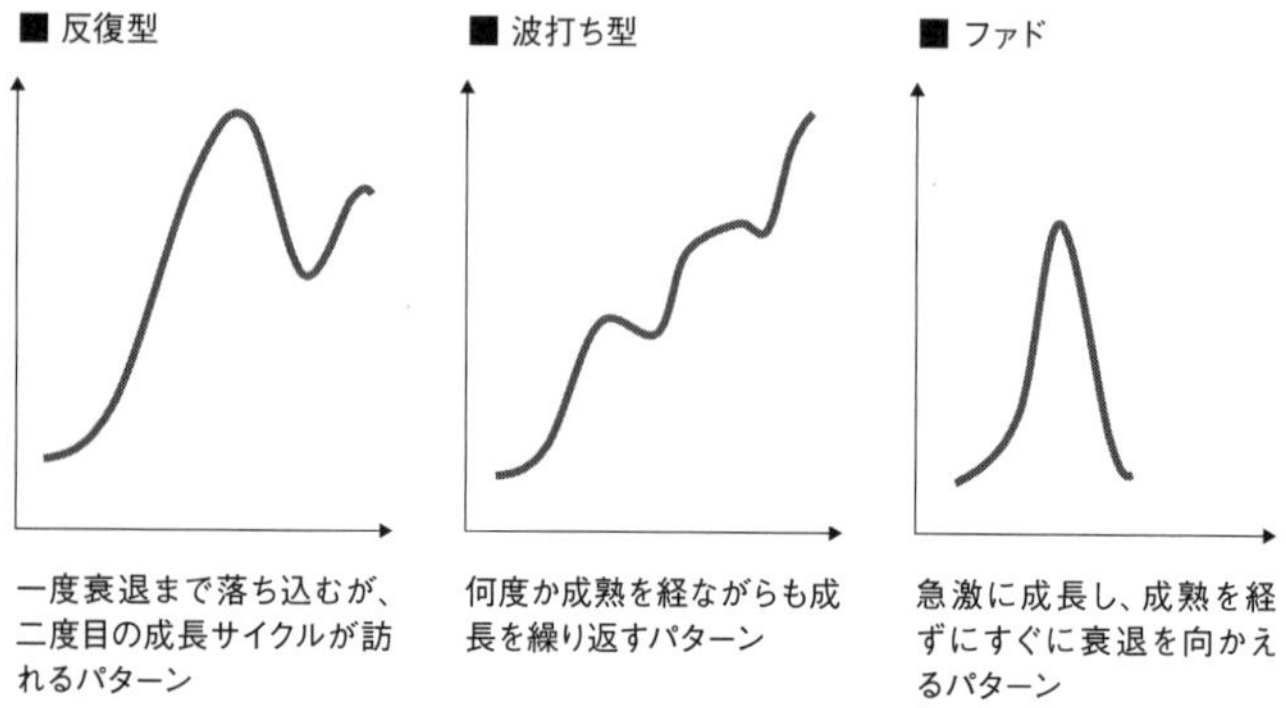

一度衰退まで落ち込むが、二度目の成長サイクルが訪れるパターン
何度か成熟を経ながらも成長を繰り返すパターン
急激に成長し、成熟を経ずにすぐに衰退を向かえるパターン

が紹介されています。

「反復型」の典型例としては、機能追加によって市場が再成長を遂げていく白物家電などがあげられます。また、DRAM（半導体メモリ）のように旧世代が落ち込みながら同時並行的に新世代が新たな需要をつくっていくような製品は、「波打ち型」の傾向を見せます。他方、急激に成長し、成熟を経ずに衰退を迎える「ファド」というものもあります。短期的な盛り上がりで終わってしまう市場です。

つまり、成熟期にあっても、これから第二の成長期を迎える可能性はあるし、成長期にあっても、調子に乗っていたらすぐに市場が消えてしまう可能性もあるということです。

とは言え、このPLCというサイクルが、まったく予想がつかず、意味のないものなのかと言えば、そういうわけでもありません。ある分析を丁寧に行えば、ある程度の予想を立てることはできます。その分析とは、第2章で触れた「5つの力」分析になります。

図表8-3　PLCの大前提

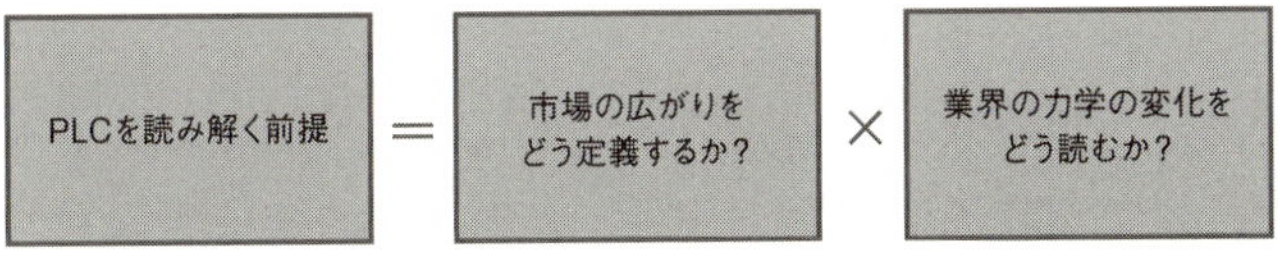

そのなかでも特にＰＬＣを占ううえで重要なのは、「代替品」になります。結局のところ、「代替品」の脅威が現実のものになれば、市場は一気に成熟期から衰退期の様相を見せ始めます。既存市場そのものが、代替品がつくりだす別の新規市場によって取って代わられるからです。逆に、「代替品」がほとんど脅威にならないような業界は、安定的にＰＬＣの曲線を描き、成長期から成熟期に移行していくことが予想されます（もちろん、そのような業界は魅力度が高いので、新規参入も増加傾向にあります。なだらかなＰＬＣの曲線を描き、成長期から成熟期が長く続きそうだから「魅力的」だというわけではない、ということは認識しておく必要があります）。

ここで理解しておきたいのは、ＰＬＣを無意識に過信していると、痛い目に合うということです。ＰＬＣが描くカーブは、非常に代表的、一般的な動きではあるものの、あくまでも業界の成長パターンのひとつに過ぎません。

「市場の広がりをどう定義するか」と、「業界の力学がどう変化するか」ということを併せて考えることにより、ＰＬＣというものが初めて実務的な意味を持つことを意識しておいてください。

成熟期に欠けがちな戦略議論の機会

筆者が特に相談をいただくことが多いのは、いわゆる「成熟期」に位置する企業の次の打ち手についてです。

成熟期というのは、競合もある程度固定化し、そして業界内の順位や戦い方などが決まっている状態です。そして成長期の間にそれぞれの企業の「勝ちパターン」のようなものが決まってきて、それに必要な「組織能力」も定着しつつある段階です。

しかし怖いのは、そこから環境が変わっているにもかかわらず、成長期の段階で得た勝ちパターンをそのまま惰性で続けてしまうことです。

多くの場合、成長期で培った既存の戦い方をもとに、人材や設備に投資がなされ、仕事の手順や社内でのコミュニケーションプロセスが固まり、そして社内の意思決定基準や評価される人材が硬直化していきます。

つまり、「組織能力」を構成する「リソース」「業務プロセス」「価値基準」が、一度決めた「戦略」に張りついてしまっているため、そこから戦略を変更しようとすると多くの苦労を伴う状態になるのです。

そうなると、「そもそも論」のようなゼロベースの戦略議論は敬遠されるようになってきます。

しかし、戦略はやはり定期的に議論され、考え直されなくてはなりません。なぜならば、成熟期であっても「5つの力」の力学が変わることにより、環境は変化するからです。だからこそ、多くの時間を割いて、「はたして我々はどのような方向性によって顧客価値を高めようとするのか？」「そのために必要な組織能力には何があるのか？」を議論していかなくてはならないのです。

成熟期の大きな壁は、ミドルリーダーの「具体化能力」の衰えにある

成熟期における戦略のあり方を考える際、さらに難しいポイントがあります。ここでは、いったん既存の理論体系を離れて、筆者の個人的な経験に基づいた話をさせてください。

筆者はよく成熟市場のなかでブレークスルーが見つからずに喘いでいるような大企業において、ミドルリーダー（部長～課長クラス）のトレーニングを担当することがあります。

そのトレーニングでは、他社の手詰まり事業を題材にその当事者に立ち代わって変革案を検討するという「ケースメソッド」や、もしくは実際の顧客企業の題材を扱った議論をするのですが、その提案場面でよく目にする光景があります。それは、主に2つのパターンに集約されます。

ひとつ目が、課題やうまくいかない原因分析ばかりに労力を割いてしまい、それをどう打破すべきかという提案がほとんど考えられていないというものです。

図表8-4　成熟期における思考停止

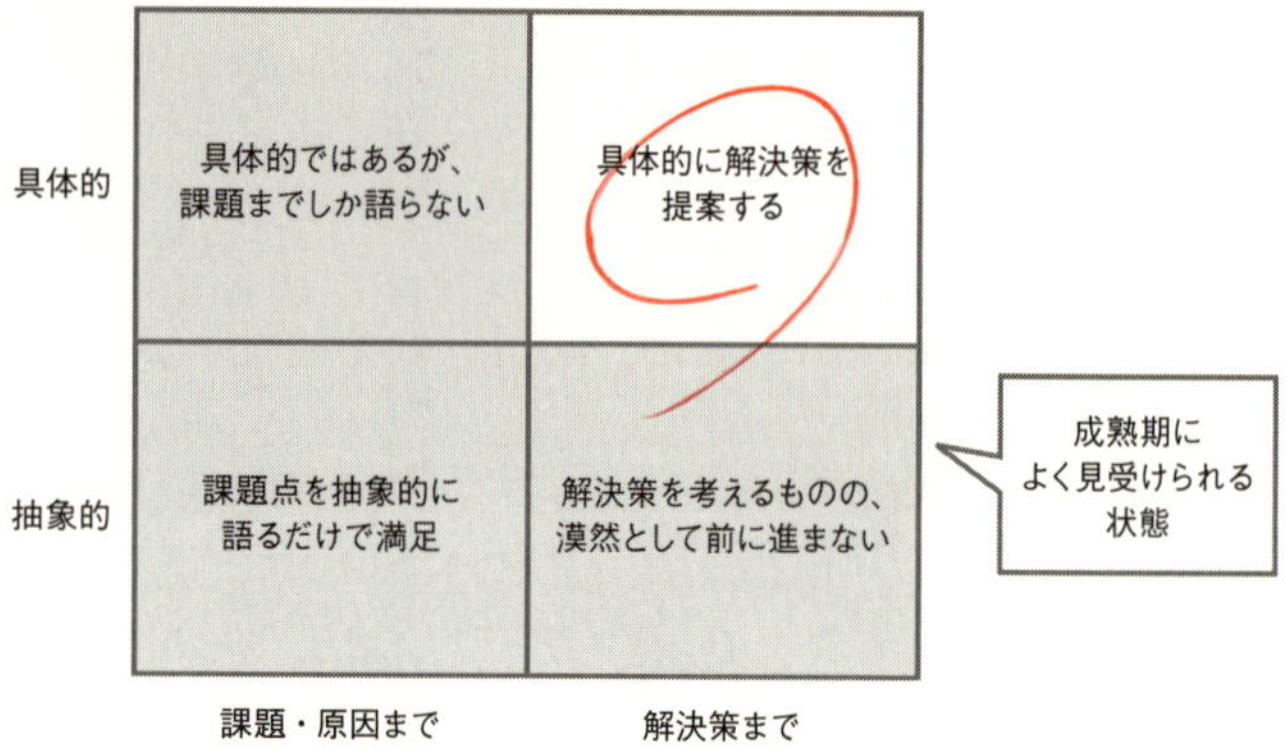
具体的
抽象的
具体的ではあるが、課題までしか語らない
具体的に解決策を提案する
課題点を抽象的に語るだけで満足
解決策を考えるものの、漠然として前に進まない
成熟期によく見受けられる状態
課題・原因まで
解決策まで

そしてもうひとつが、提案内容まで考えられているのですが、その抽象度が非常に高く、結局具体的に何をやりたいのかがわからないというものです。たいていその方向性自体は間違っていないのですが、誰が責任を持ってやるのかがわからないことや、言葉が大きくぼんやりしすぎているため、議論が深まることはありません。

結局この2つに共通なのは、具体的に何をやるのかを明確にしていないということです。不思議なのですが、成熟期で勢いに欠ける企業のミドルリーダーには、たいていこの傾向が見受けられます。つまり、ほぼすべての提案内容が、言葉が丸く、一番大事な「何をやりたいのか」がわからないものになっているのです。

もちろん、研修受講の目的などを聞いてみると「今の業界は先が見えているので、何とか新たな一手を探りたい」といったことを言っています。

　ではなぜこういうことになってしまうのでしょうか。受講生の話をよく聞いてみると、ある共通した構図が浮かび上がってきます。

　それは、この手の方々は、「5つの力」分析でいうところの、売り手と買い手、それぞれに完全に身動きがとれない状態でロックインされており、やるべきことが固定化してしまっているのです。

　つまり、業界が安定的であるがゆえに、川下にいる顧客も固定化し、川上の調達先についてはそれほどオプションもなく、お互いにやるべき範囲が暗黙のうちに決められて、多くのことがルーティン化しているという状況です。こういう状態に長い間陥ってしまうと、何かドラスティックな提案をすれば、必ずこのできあがっている川上〜川下までのバリューチェーン全体の流れのどこかに多大な影響、つまり迷惑をかけることになります。それは自分の身をもって理解しています。

　したがって、課題の指摘や、抽象的な打ち手は描けたとしても、誰かに迷惑をかけるような「具体的な提案」までは落とし込めない、落とし込みたくない、という心理が働きます。こうした「ロックイン」された環境に長くいると、無意識に防衛的になってしまい、「具体化能力」が衰えてしまうのです。

　成熟期の大きなチャレンジは、このようなミドルリーダーに根づいてしまった過度に防衛的な思考モデルを変えることにあります。

　筆者がそのような現場でのトレーニングを請け負った場合、特に強調するのは、「抽象的な言葉を使わないこと」「言葉を徹底的に具体化すること」です。これは些細なことかもしれませんが、こうしたところから変更を加えない限り、所詮はどのような戦略を書いたとしても骨抜きになってしまい、実行を伴わない絵に描いた餅になってしまうのです。

解説　戦うべき市場の認識を組織内で揃えることから始める

ここまでの話を踏まえて、再び沢田さんのことを考えてみましょう。

まず、ＰＬＣにおけるステージがどこなのかということを語る前に、いったいどういう市場で戦うのか、戦おうとしているのか、ということを社内でも議論したほうがいいでしょう。「旅行業」というざっくりとした定義で考えるべきなのか、そうではないのか。これは当然ながら、自分一人で決められることではありません。トップマネジメントも巻き込んで議論すべきことです。

筆者は同じ製品を取り扱っている事業部門内のトレーニングを任される際、「いったい皆さんの市場はＰＬＣで言うとどこに該当しますか？」ということをよく聞いてみます。その答えは、不思議なくらいに足並みが揃っていません。

「成熟期」という答えが中心であっても、「衰退期」と感じている人がそれなりにいたり、一方で「成長期」という答えがあったりします。この背景にあるのは、どこまでを自分たちの市場として見ているのかということが異なることにあります。

そのばらつきを確認したうえで、「では、我々はどういう市場を自分たちの戦う場として定義するのか」の議論がスタートします。

たいていの場合は、その手の議論を社内でまったくやっていません。もちろん部門長などのトップは、年に1回などの戦略方針を通じて自分たちの戦うべき土俵を話しているつもりなのですが、多くの場合は、現場まではその声は正しく理解されていません。大前提となる市場の認識がずれていれば、PLCのステージも当然ずれてきます。

したがって、「意気込み」レベルで語るのではなく、まず市場の定義を揃えるというところから入るべきでしょう。

ミドルリーダーが思考停止せず具体的に考える

もうひとつ気になるのは、沢田さんの「具体化能力」についてです。

「成熟期だから……」ということだけで悲観的になっているように見受けられますが、もっと考えるべきことはたくさんあるはずです。

・そもそも自分たちが定義する市場とはどこなのか？

・その定義する市場の過去5年の年平均成長率は何％だったのか？
・その市場のなかの「顧客」は、具体的にどのような「片づけるべき用事」を抱えているのか？

などなど、挙げればきりがありませんが、具体的に考えれば考えるべきことは山ほどあるはずです。

怖いのは、このような考えるべきことを飛ばして、「成熟期だから〜だ」という論調が組織のなかでの「当たり前」となり、それ以上のことを誰も深く考えないことがまかりとおってしまうことです。

沢田さんは無意識でそのようなことを言っているのだと思いますが、ミドルリーダーが現場で話す言葉こそが組織の風土や空気をつくります。

もし自分たちに停滞感があり、成熟期にいるのではないかと考えているミドルリーダーの方は、「具体的に考えてみる」「具体的な提案をしてみる」ということを日々の行動レベルから実践してみてください。停滞から抜け出せるチャンスは、身のまわりにあるかもしれないのです。

参考文献

フィリップ・コトラー、ゲイリー・アームストロング『マーケティング原理　第9版』（ダイヤモンド社、2003年）

第9章

リソースをどう配分すべきか?

プロダクト・ポートフォリオ・マネジメント（PPM）

ストーリー　商社人事担当者の悩み

青木晃は大手商社の人事部において、社員の異動・配属を担当する5年目社員である。

年明けのこの時期、青木にとっての大きなタスクは、新人の配属先の案を固めることである。商社はさまざまな事業部から構成されるため、100名近い新人の配属先を決めるのはかなりの力仕事になる。特定の専門分野に習熟した理系学生のように、あらかじめ配属先としっかり紐ついて採用される新人もいるが、大多数の文系社員については、最終的には人事部の裁量によって配置を決定しなければならない。

しかも〝人事部の裁量〟といっても、受け入れ先となる各部署から提出されている希望要件や、新人から聞いている自身の希望配属先、さらには人事部から役員に至る面接評価など、実にさまざまな要素を過不足なく組み合わせながら一定のガイドラインに則り決めていかなければならない。

加えて今年は、どの部門も業績の先行き見通しがよくないことが、この〝パズル〟を余計に難しくし、青木を例年以上に悩ませることとなっていた。短期的な業績確保に四苦八苦している状況において、即戦力とはなりにくい新人の配置に対しては保守的な傾向が強まりやすい。結果として、新人の配属希望数は急減し、各部署からの需要数を重ね合わせても、人事で採用した新人の総数に大きく満たない状況となってしまっているのだ。例年は、受け入れ側と新人側の希望がすり合う形でほぼ配属案が固まっていたのだが、今年は無理矢理ねじ込むことが必要になりそうだった。

現場からは、「こんな年は採用を抑えればいいじゃないか」というような声も聞こえてくるが、昨今の業績変動は予想もつかないスピードで起こることが多く、業績変動を見越した採用数の調整は極めて難しい。加えて、そもそも人材は長期投資であるという考えから、短期的な業績で採用数を大きく変動させるべきではないというのが人事部の基本スタンスでもあった。

「今年はもう力技の勝負だなぁ。やっぱり今の稼ぎ頭の資源部隊には向こうの希望より多くの新人を吸収してもらうようにしよう。あの部門長なら多少の無理でも聞いてもらえるし、少なくとも今年なら呑んでもらえるだろう」

「一方でここ数年業績が厳しい機電部隊は次年度が本当に勝負の年だろうから、新人なんて採る余地はないだろうな。あそこの部門長補佐はうるさい人だから調整にも時間がかかるだろうし。ここは彼らの希望どおりの人数の配属にしておこう」

青木はそう独り言をつぶやいて、新人の名前が記載されたマグネットを動かし始めた。

数日後、青木は自分の案にそれなりの自信が持てるようになっていた。「俺もちょっとは成長したってことかな」。ここまで会社の内部の事情を知り尽くした配属案を決められるのは自分しかないだろうと満足感を感じていた。

しかし、その夜、ビジネススクールに通う友人・岩本との会話によって、青木は再び配属案を考え直す必要を感じることとなった。

「青木、俺、今ビジネススクールで経営戦略の勉強をしているんだけど、ちょっと教えてくれないか？　今、ちょうどプロダクト・ポートフォリオ・マネジメントということを学んでいるんだけど、コングロマリット型の企業形態のマネジメントに使われることが多いらしいんだ。やっぱりお前のところみたいな総合商社もそんな考え方を使ってビジネスを管理しているのか？　当然、商社なんてものは人材勝負なわけだし、どれくらいの人材をどこに張るかっていうのは大事なことだろう。お前が担当している人事異動とか、配属とかもやっぱりそういう考え方に基づいているのか？」

青木は当初、岩本から何を聞かれているのかがわからなかったが、プロダクト・ポートフォリオ・マネジメントの概念の説明を受けるうちに、自分がやっている仕事がいかに合理的ではないかということを感じ始めた。

「プロダクト・ポートフォリオ・マネジメントか……」。青木は自身の立てた配属案を前に頭を悩ませていた。

理論　PPMは、複雑な企業経営の全体像を一目で感覚的に理解するためのツール

プロダクト・ポートフォリオ・マネジメント（以下、ＰＰＭ）は、１９７０年代にボストン コンサルティング グループ（ＢＣＧ）によって開発された概念です。当時、60年代のアメリカではＭ＆Ａなどを通じたコングロマリット型企業が台頭していたのですが、そうした複雑な企業がより効果的な資源配分を行うことを目的に開発されたツールです。

具体的には、縦軸に「市場成長率」、横軸に「相対市場シェア」を取り、それぞれ高低で区切ることによって、４つのハコに分類します。縦軸の市場成長率の高低については、分析者がその事業特性や業界平均などを踏まえて一定の値を判断して決めます（当時のＢＣＧは10％を基準に考えることを提唱していたようですが、最近の日本ではＧＤＰ成長率に適当なパーセンテージを上乗せするなど、状況に応じて適切な数字を設定しています）。他方、横軸の相対シェアについては、「自社シェア÷自社を除く最大競争相手のシェア」で求められ、１・０以上、つまり最大シェアを持つ事業は左へ、２位以下の事業は右のハコにプロットされることになります。相対シェアが小さければ小さいほど、リーダー企業との差が開いている事業であることを意味します。

そして、それぞれの軸を踏まえ各事業をプロットしていくわけですが、その際、プロットする事業の売上げの大きさを円の面積で表現します。円の面積は、各事業が売上げに比例する形で表現されて

図表9-1　PPMのイメージ図

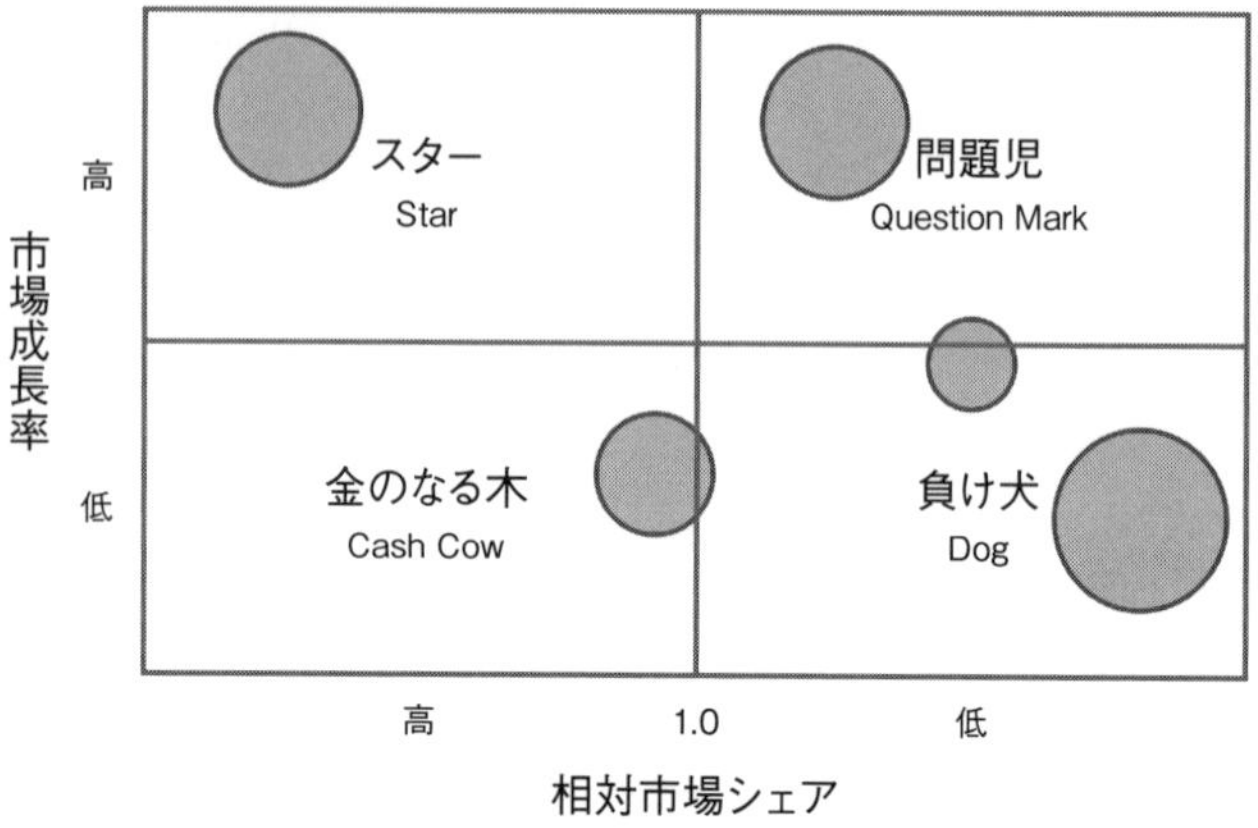

いればよく、絶対的な大きさに関する制約はありません。

これらの作業によって、企業におけるそれぞれの事業部の位置づけが一目でわかるようになります。多種多様な事業を持つ複雑な企業経営の実態、社内の個々の事業の位置づけが、４つのハコにおける位置と円の大きさにより感覚的に把握できるというのがＰＰＭの特徴になります。

ＰＰＭはキャッシュ（資金需要×資金獲得）の概念から成り立っている

ＰＰＭのメカニズムをもう少し深く考えてみましょう。まず、縦軸の市場成長率は、端的には「資金需要」を反映します。市場成長率が高ければ高いほど、一般的に必要となる投下資金は多くなります。逆に市場成長率が望めなければ、資金需要もそれほど多くはなりません。

図表9-2　PLCと資金需要

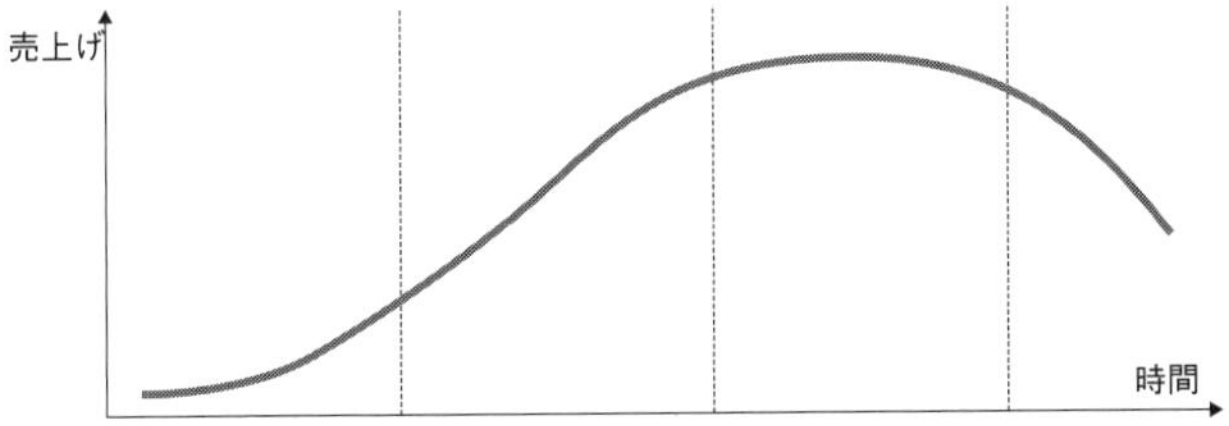

ステージ	導入期	成長期	成熟期	衰退期
売上げ	低水準	急成長	維持・ピーク	低下
資金需要	高水準	高水準 (比率は低下)	低下	低下

図表9-3　PPMの理論的背景

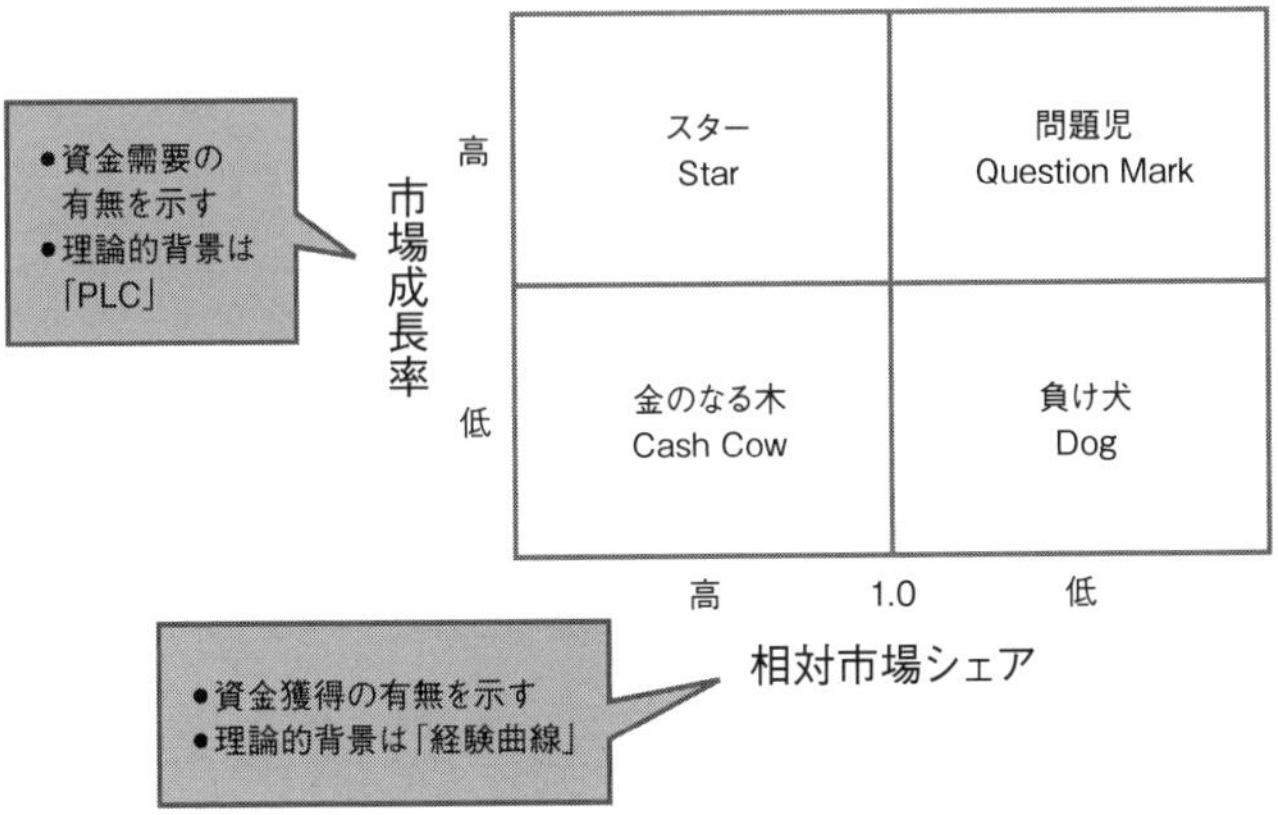

図表9-4　経験曲線

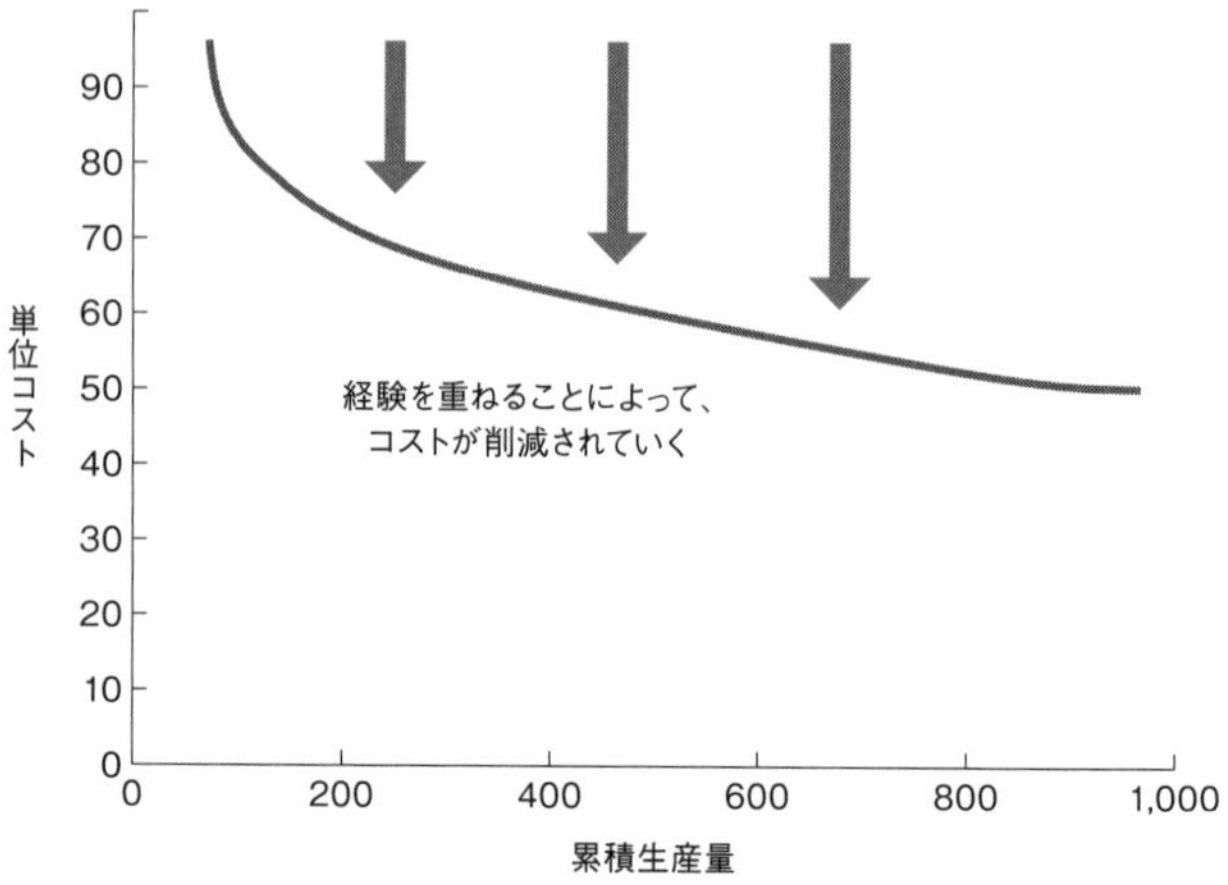

そして、この考えは、前章で説明したプロダクトライフサイクルに基づいています。

市場成長率が高いということは、PLCで言うところの導入期、もしくは成長期となります。その時点でのセオリーは、まずはリソースを投下することによって有利なポジションを確保することであるため、資金需要も高くなります。逆に市場成長率が低いのは、PLCにおける成熟期、衰退期に該当します。そこではできるだけリソースを投入せずに効率的に戦い、適切なタイミングで撤退時期を探ることがセオリーとなります。資金需要はそこにはあまり発生しません。

一方、横軸の相対市場シェアが反映するのは、「資金獲得」です。相対市場シェアが高ければ高いほど、業界内で優位なポジションに位置することになり、多くの資金を獲得できる可能性があります。この理論的背景は「経験曲線」にあります。

図表9-5 経験曲線のメカニズム

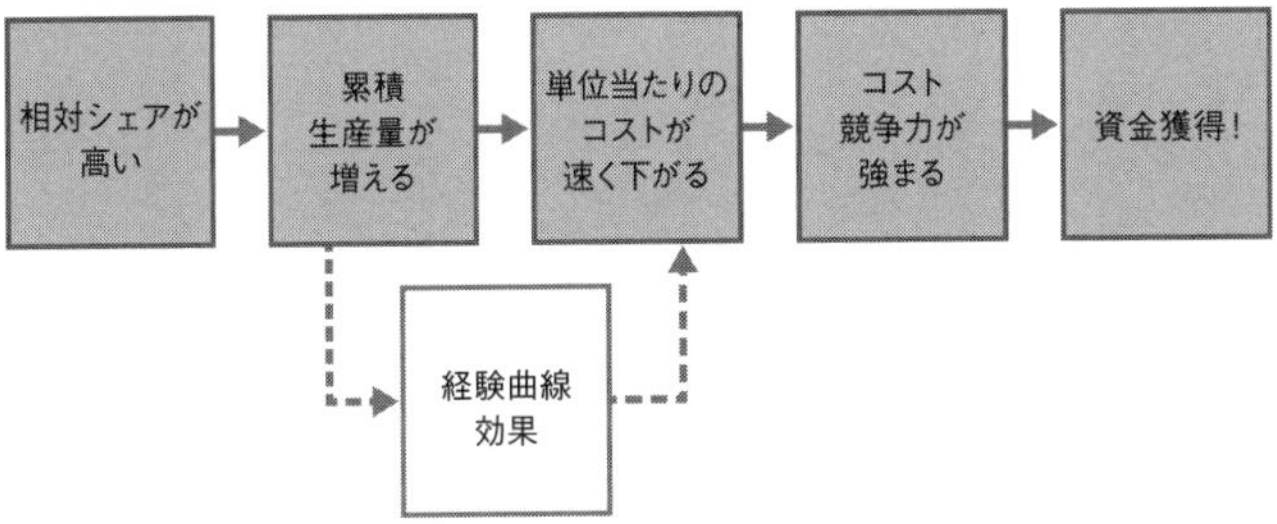

経験曲線とは、累積生産量の増加に伴い、一定の比率で単位当たりのコストが減少する効果のことを指します。たとえば、今から弁当事業を始めるプレイヤーの弁当製造販売1個当たりにかかるコストと、すでに1万個つくってきたベテランプレイヤーの弁当製造販売1個当たりにかかるコストは、仕入原価がまったく同じだとしても、ベテランプレイヤーのほうが安くつくれるということは感覚的にもおわかりいただけるでしょう。

これは、1万個つくってきた間にどうやってつくればロスなく効率的な手順でつくれるか、どうやれば効果的に売ることができるかということを経験上学習することができ、その経験値がそのままコストに跳ね返ってくるということです。このコスト低減効果は、最初の段階での効果は大きく、徐々にその効果が薄れてきます。したがって、図表9-4のような曲線を描くことになります。

では、なぜPPMの横軸に「相対シェア」が使われるのでしょうか。

これは、「相対シェア」が高まれば、競合に対して経験量を積み増すことができ、その結果コスト低減が可能となり、最終的にキャッシュ獲得につながる」というシナリオに基づいています。

どのハコに分布されているかによって、取るべき戦略が決まる

ＰＰＭを構成する2軸を理解したうえで、それによってできあがる4つのハコの意味合いを考えてみましょう。

①スター：相対シェア 高 × 市場成長率 高

キャッシュの入りも多い一方で、キャッシュの投下量も多いということで、企業のなかでも一番注目が当たりやすい文字どおりの花型事業です。このカテゴリーの事業は、キャッシュの入りと出が拮抗している場合も多く、短期的には収益源とはなりにくいですが、このまま市場が成熟期となり、キャッシュ投下量が減れば、一気に収益事業になります。したがって、企業の将来性を考えるのであれば、このスターのカテゴリーにどれくらいの事業があるのかがポイントになります。

②金のなる木：相対シェア 高 × 市場成長率 低

キャッシュの入りは多く、キャッシュの投下量が少ないという収益事業のカテゴリーです。先ほど説明したスター事業は、時間の経過とともにこの金のなる木に位置づけられるようになります。この

事業は、全社的にはキャッシュの供給源として機能することが多く、ここで稼いだ資金をどこに回していくかが経営上の課題となります。そういう観点で、このカテゴリーに多くの事業がある企業は、現時点での経営に余裕があるという見方ができます。

③問題児：相対シェア 低 × 市場成長率 高

これから伸びていく有望な市場であるにもかかわらず、競合との競争に負けているカテゴリーです。キャッシュの入りは少なく、一方でこれからキャッシュをどんどん投下していかなくてはならないため、金食い虫的な存在になります。しかし、何らかの形でシェアを伸ばすことができれば、スター事業になる可能性を秘めているため、このカテゴリーの事業をどう伸ばしていくかということが経営のひとつのポイントになります。

しかし、当然ながらすべての「問題児」に一律に投資できるわけではありません。複数ある「問題児」からどのような判断基準で投資すべき事業を選ぶか、どのような状況に陥ったら手を引くのか、これは経営のイシューそのものと言っても過言ではないでしょう。

④負け犬：相対シェア 低 × 市場成長率 低

今後の伸びが期待できない市場において、シェアが獲得できていない事業です。市場が成熟期や衰退期に入っているため、キャッシュを新たに投下することの必然性が認められにくく、一方でシェア

図表9-6　ある企業のPPMイメージ

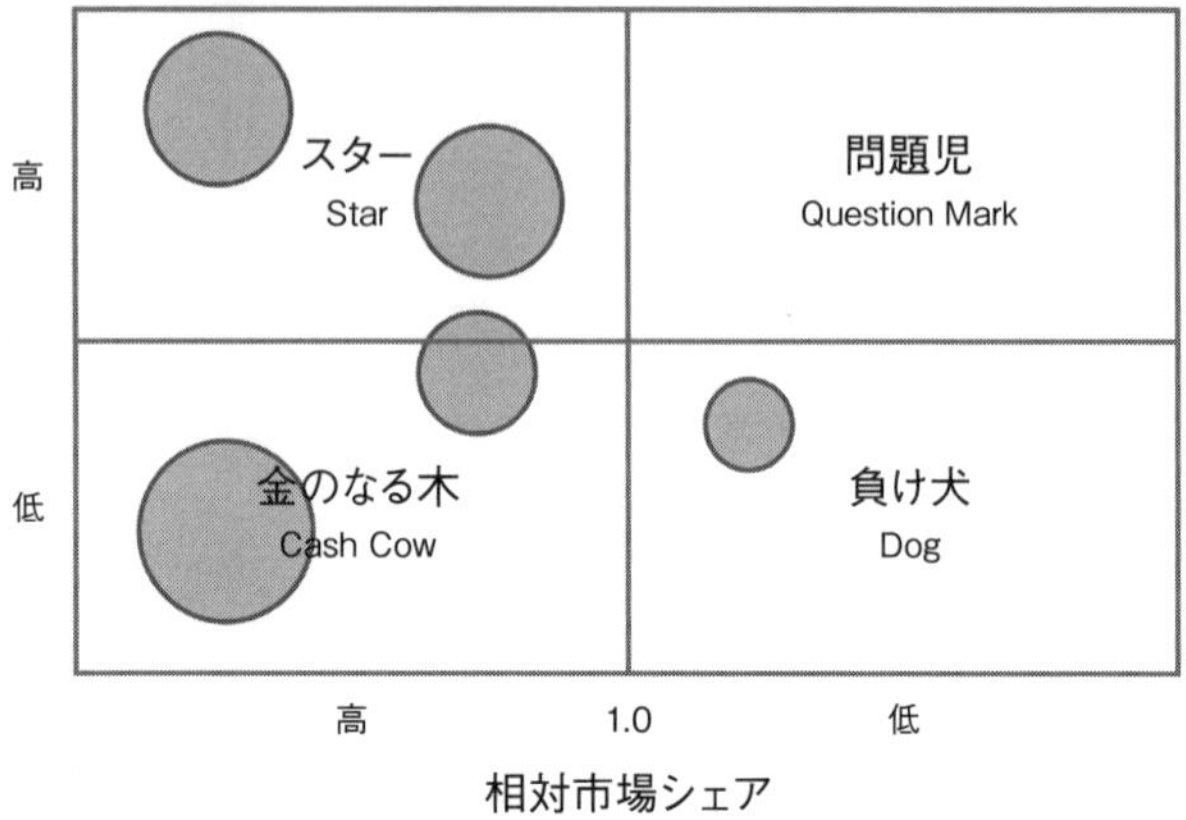

が低いためにキャッシュの入りも見込めないカテゴリーとなります。現状はキャッシュインがない一方で、キャッシュアウトも限られているので、大きく損失を出しているわけではありません。ただ、将来性を考えれば、撤退することが有力な選択肢となってきます。

それぞれ各ハコの意味合いを理解したうえで、図表9-6のPPMの事例を見てみましょう。

この企業は、金のなる木の事業が存在するため、かなり資金が豊富な企業であることが推察されます。また、スター事業も多く、将来的にも収益源が見込めると言えるでしょう。その意味で、現状と将来のバランスが取れた非常に健全な経営をしていることが一目でわかります。今後、さらに成長を期すのであれば、今の余裕があると思われる段階において、市場成長が見込める分野への長期的な投資をする（＝問題児のハコに事業をつくる）ということも考えられるかもしれません。

以上は例ですが、このような形で、それぞれの事業をシンプルに、一覧性を持って感覚的に把握することができ、そして何らかの示唆を見出せるようになるのが、PPMというツールのメリットです。

PPMの限界を理解する

当然ながら、PPMにはメリットばかりではなく、限界もあります。むしろ、この限界を理解しないで使うと、弊害のほうが強くなると考えていただいたほうがいいと思います。その意味では、これからが本題です。

①プロダクトライフサイクルに起因する限界

PPMの縦軸が市場成長率、そしてその裏側にはPLC（プロダクトライフサイクル）の理論的背景があることは先述したとおりですが、そこに限界のひとつのポイントがあります。つまり、前章でも書いたとおり、市場は必ずしもPLCに描かれているように、導入期からゆるやかに成長期、成熟期、そして衰退期に至るとは限らないということです。詳細の説明は前章に譲りますが、成長期が止まり成熟期に移行したような市場が急に再度成長期のようなパフォーマンスを見せる場合もあれば、これからの有望市場と見られていたものが、結局市場として成立せずにすぐに衰退に至るということもあります。ＰＰＭにおいても、縦軸上でそのままスムーズに移行するのかということを本質的に見極めることが難しい点は理解しておくべきでしょう。

また、そもそも新しく創出するような市場は、市場成長率自体の定義がほぼ不可能であるということもあります。本来市場成長率は今後３～５年程度の年平均予想成長率を用いるべきですが、実務的にはそれが難しいため、直近３～５年の平均成長率を用いることが多くなります。しかし、もしどのカテゴリーにも属さないまったく新しいビジネスをつくろうとした場合、過去の成長率が存在しないため、それを何％と見積もればいいのかは、極めて恣意的にならざるをえません。

②経験曲線に起因する限界

横軸は相対市場シェアであり、その裏側には経験曲線がベースにあることがもうひとつの限界のポイントです。まず、経験曲線を使っているということは、裏を返せば、「累積生産量によるコスト優位性がモノを言う業界」でない限りは意味がないということです。

当然ながら、世の中のビジネスはコスト優位性が重要な業界ばかりではありません。独自の付加価値を提供することがコスト以上に強く求められる事業も存在するわけで、そのような業界ではこの「相対シェア」という概念の重要度は薄れます。

さらに言えば、累積生産の増加によってコストが下がるということも、必ずしもすべての事業で等しく適用されるわけではありません。特に規模化の難しいサービス業などは当てはまりにくい業種が多いでしょう。

加えて、累積生産量が多いとしても、後発企業が最新設備を導入することにより、一気に単位当たりのコストを下げて、コスト優位性がなくなってしまうということもよくある事例です。成熟産業のように、もはや経験曲線が下がりきってしまって、どの企業のコストもあまり変わらないというケースも、相対シェアはそれほど意味を持ちません。

結局、突き詰めて考えると、「シェアナンバー1の企業は常に一番利益率が高い」というテーゼは必ずしも普遍的ではないため、相対シェアを前提にしたコストの優位性については、事業特性を同時に勘案しなければならないのです。

③分析単位に起因する限界

「シェア」という概念に関する難しさもあります。シェアは、「自社の規模÷全体の市場規模」によって算出されるのですが、全体の市場規模をどこに取るのかによって、景色がまったく変わってきます（本書で何度も出てきている市場定義の話です）。たとえば、日本国内で見るのか、グローバル市場で見るのか、この市場定義を変えるだけでも、「金のなる木」の事業だったはずのものが、一気に右下の「負け犬」事業になったりします。

また、細かいことですが、市場規模自体も、売上げベースで測るのか、販売個数ベースにするのか、生産個数ベースにするのかによっても変わってきます（理論に忠実に考えるならば、横軸は累積「生産量」が前提なので、正しくは「生産個数」であるべきなのですが、シェアは一般的には売上げベースになっていることが多いのが実態です)。

さらに言えば、PPMの横軸は、相対シェア1・0が基準となり、左右に分かれるのですが、その業界のリーダーでなければ決して左のセルには事業がプロットされないマトリクスであるという点も要注意です。つまり、業界1位の事業がない企業にとっては、すべての事業が「問題児」、もしくは「負け犬」に入ることになり、非常に脆弱な経営基盤に見えてしまうということに注意しなくてはなりません。

たとえば、独自の優位性のあるニッチ的な事業を多く抱えている企業はPPMではその強さを表すことはできませんし、シェアでみれば業界下位事業ばかりになってしまう中小企業などにとっても使い勝手の悪いフレームワークになるでしょう。

④着目点がキャッシュに限定されていることに起因する限界

PPMは「資金需要」と「資金獲得」に着眼したフレームワークなので、裏を返せば「キャッシュしか見ていない」とも言えます。そこに限界の最後のポイントが隠されています。つまり、それぞれの事業があることによって生まれるシナジーなどはここには一切表されていません。もしくは、当然のことながら、その事業に所属する社員がどういう思いで働いているかというモチベーションの側面なども考慮には入っていないことも理解しておくべきでしょう。

実務においては、「見えないこと」を理解したうえで活用する

こうした限界を理解したうえで、ＰＰＭは現場でどのように使えばいいのでしょうか。

まずは、マトリクスをつくるうえで、このＰＰＭの公式を鵜呑みにしないことです。ＰＰＭをそのまま使って有効に機能するのは、先ほどの留意点を踏まえて考えると、基本的には大手総合メーカーだけといっても過言ではありません。それ以外の業界においては、特に横軸の相対シェアを中心にカスタマイズし、「疑似ＰＰＭ」をつくりあげることが必要です。

本来のＰＰＭにおいて、この横軸が表現したいのは、「キャッシュの入り」ですから、経験曲線が効かないような業界は、たとえば端的に現状の営業利益率やキャッシュフローマージン（キャッシュフロー÷売上高）でもいいわけです。そして、その企業にとって経営上の目安となる値を中央の基準値に取れば疑似ＰＰＭの完成です。当然どの数値やどの基準値を採用するかによって見え方は変わってきますので、慎重な検討が必要ではありますが、少なくとも相対シェアをそのまま機械的に用いる必要はないでしょう。

そしてもうひとつ大事なことは、これを意思決定ツールには使わないことです。このツールを使うのは、検討初期の問題提起の段階に限るのがいいでしょう。ＰＰＭによってふだん意識しなかった全体像をお互いに把握し、初期段階で気付きを促す目的に使うのが賢明です。どんなに軸をカスタマイ

ズしようと、経営という複雑なものを2軸「だけ」で表現しようとすれば、どこかに無理が生じます。大事なことは、まずは2軸だけから見えてくる世界を理解し、そして同時に見えていない世界についても正しく理解することです。そして、見えていないものについてはまた何らかの形で情報を補完するというステップを経たうえで、意思決定をしていく必要があるのです。

解説 課題を浮きぼりにするための2軸をじっくり選ぶことが重要

では、冒頭のストーリーの青木さんは何をすべきだったのでしょうか。

まず、今まで一担当者の視点しか持っていなかった青木さんが、PPMというツールを使って、全社の経営的視点で全体像を把握しようとしていることは高く評価できると思います。当然ながら、人材というのは貴重なリソースであり、どの部署にどれくらいの人材を張っていくのかということは極めて高度な経営的視点が求められます。単に各々の部署からこういう希望がきているからとか、部門長がこういうキャラクターだから、といったレベルの話で決められることではありません。

もう少し中長期的な視点で俯瞰して考えなくてはならないという意味において、各事業の全社にとっての寄与度や今後の成長余地を把握し、そこから人材需要を見極めようという問題意識のありよう自体は評価に値すべきことだと思います。

ただそのうえで、もしＰＰＭを活用するのであれば、やはり何らかのカスタマイズが必要となってくるでしょう。少なくとも、非製造業中心で経験曲線も効きにくく、かつシェアという概念も定義しにくい業種であることからすれば、「相対シェア」という切り方はあまり意味を持たないかもしれません（実際に手を動かす段階で青木さんはその難しさや矛盾に気づくと思います）。

とすれば、横軸をどう定義するか、ということについてしっかり知恵を絞らなくてはなりません。営業利益率でも、キャッシュフローマージンでも何でもいいですが、その後、上司たちに説明していく場面を考えると、できる限り経営の関心事と整合する指標と基準値をここで設定しておくべきでしょう。

そして、つくった疑似ＰＰＭでは表現しきれていない要素も十分認識し、補完しておく必要があります。たとえば、市場自体の成長率が低い事業であっても競合との競争上の観点を踏まえて積極的な投資先と評価する事業もありえるわけです。そのような要素は一切排除されている枠組みであることをちゃんと理解したうえで、その観点をどう織り込むのか、織り込まないのかという点も考えておく必要があるでしょう。

マトリクスを活用して経営の全体像をシンプルに表現してみる

以上、ＰＰＭの現場での現実的な活用方法をストーリーとともにお伝えしてきました。ＰＰＭは経営のフレームワークでも知名度が高いツールですが、使用上の留意点が多いが故に、実際に実務でＰＰＭをそのままの形で見る頻度は少ないのが現状です。

しかし、それでもなぜ根強く経営書に残り続けるかというと、「性格の違う事業が複雑に絡み合って成立している企業経営というものを、極めてシンプルにわかりやすく表現することができる」ということの価値が重用されているからに他なりません。

ＰＰＭをそのまま活用しないとしても、この「2軸のマトリクスを活用して、複雑な事象をシンプルに表現する」というメリットや意識は最大限活用すべきです。

マトリクスをつくるうえで考えなくてはならないことは、

・何を軸に取るのか？
・その軸の上下の分岐点の基準をどこに置くのか？

という2点です。

裏を返せば、この2点を考える「だけ」ですべての複雑な事象を表現しようという、非常に難易度の高いチャレンジでもあるのです。

2軸しかないがゆえに切り捨てなくてはならないこと、省略せざるを得ないことも発生します。そうした制約をすべて織り込みながら、何を軸に選ぶのか、そして、その上下の基準を入念に検討してみましょう。

それを考えること自体が、自社を取り巻く経営環境を考えることにつながっていく点に気づくはずです。

PPMは、経営をわかりやすく整理するために、過去の先人たちが「キャッシュ」ということに着目して描いたひとつの整理パターンに過ぎません。まずはその概念を理解しつつ、我々はより現実に即したそれぞれのマトリクスを定義し、経営の全体像を捉えることにチャレンジしたいものです。

参考文献

マイケル・ポーター『新訂　競争の戦略』（ダイヤモンド社、1995年）
ウォルター・キーチェル三世『経営戦略の巨人たち』（日本経済新聞出版社、2010年）
パンカジュ・ゲマワット『競争戦略論講義』（東洋経済新報社、2002年）
水越豊『BCG戦略コンセプト』（ダイヤモンド社、2003年）

第10章

戦略立案のスピードをどう高めるか?

PDCA

ストーリー　大手損害保険会社現地法人部長の悩み

インド法人に着任した浜村瑞樹は、顧客開拓に向けた今後の営業攻勢のシナリオを練っていた。

浜村は大手損害保険会社アジア海上に勤務する10年目社員である。入社時、仙台支社の配属となった浜村は、その後、広島と熊本をローテーションの一環でまわり、地域営業を担当してきた。

浜村の受け持ちは主にディーラーや代理店に対する自動車保険や火災保険の営業である。この仕事の肝は、何といっても相手の懐に入り込むことに尽きる。商品や条件面では競合と比較してほとんど差別化要素がないため、いかに顧客から気に入ってもらうかということが勝負のポイントになるのだ。

そのために浜村は、顧客のもとに足繁く通うのはもちろんのこと、朝礼に同席参加したり、週末はゴルフ接待を行ったり、顧客との関係深化のためにあらゆる打ち手を計画的に進めていた。その結果として、浜村への担当顧客の評価は高く、アジア海上の商品を優先的に販売してもらえる関係性を構築していた。

浜村が意識していたことは丁寧なＰＤＣＡサイクルを回すことであった。まずは計画段階で、どの顧客をターゲットにどれくらいの売上げを上げるのか、どういう商品を薦めるのかを具体的に練り込んでいった。「計画は勝負の8割を決める」というのが浜村の持論であった。

そのうえで実行に入るのだが、あらかじめ決めた顧客には必ず決まった頻度で訪問することとし、新規顧客からたとえ厳しい扱いを受けても、とにかくやり続けることを信条としていた。そして、四半期ごとに自身の業績を上長に報告し、次の動きをどうするかを具体的に考えることを確実に行っていた。

浜村のこうした動きは部下からも上長からも高く評価され、配属された先々で「浜村のＰＤＣＡを見習え」と言われるようになった。

そんななか、浜村のキャリアに転機が訪れた。インドで立ち上げられた新しい子会社への異動が決まったのである。浜村は帰国子女であり、英語には自信があったため、キャリア面談の際にも英語を使う業務の希望を出していた。

アジア海上のグローバル化が急展開となるなかで、現場からの評価も高く、英語が使える浜村に白羽の矢が立つのは自然な流れだった。浜村はインド法人における営業担当部長として、顧客開拓を進めるとともに、商品開発についても関与するように言われた。

これは浜村にとって大きなチャレンジであった。同じ営業であり、かつ得意の英語が使えるとはいえ、異国の地で顧客開拓をしていくのは骨が折れることは間違いない。また、今までは担当してなかった商品開発も担当するということで、業務的には大きな飛躍も求められる。

しかし、そうは言いつつも、浜村には少なからず自信があった。自分には10年かけて築き上げてきた営業の〝型〟というものがある。これはどこでも通用するはずという思いがその背景にはあった。

インドに着任後、浜村は早速計画づくりに取りかかった。「こういうときは一にも二にも計画が命だ。ここを中途半端にするとPDCAサイクルが回せない……」。

浜村は、事前に集めてもらった市場リサーチの結果を多面的に分析しながら、どのような顧客をターゲットにして、どのような商品をどれくらい売るのか、具体的な検討にじっくり時間をかけた。

データを深く洞察し、その結果をわかりやすく資料に落とし込むことに関して自信のあった浜村ではあったが、さすがに新しい市場ということもあり、インパクトのある戦略プランを構築するには多くの時間を必要とした。特に、この市場は新規参入も多く、競争環境を読み解くのは容易ではなかった。浜村は本社にある海外企画部にも電話会議で協力を得ながら、大きな戦略プランとともに、具体的な1年分の営業計画の数字を積み上げていった。

「これで大丈夫だ。こういう動きをすれば本社にも報告できる数字ができるはずだ」。着任してから一人、難しい顔でオフィスにこもる時間が長かった浜村にようやく明るい表情が戻った。

浜村はプランを説明するために急いで現地の営業担当リーダー陣を招集した。リーダー陣は、着任してからあまり表に出てこない浜村がいったい何をやっていたのか訝っていたのだが、その資料のでき栄えに総じて驚いた顔をしていた。

「ここまで精緻な計画は見たことがありません……」。皆のあっけにとられる表情を見ながら、浜村はちょっとした既視感を覚えていた。「過去に新しい支店に就任したときも、こんな驚きの表情で見られたよな」

現地営業リーダー陣とのミーティングもそろそろ終わり時間に近づいていた。浜村はリーダー陣の表情を見ながら、「あとは現場を彼らに任せて、自分自身は新商品開発の勉強に専念しよう」と思っていた。ミーティングの最後に浜村は、「ここまでがＰＤＣＡサイクルのＰの部分だ。さて、これからはＤに移るぞ。気合を入れていこう！」と高らかに宣言した。

理論　ＰＤＣＡサイクルの経営レベルでの考え方

本章では、浜村さんの信条でもある「ＰＤＣＡ」にフォーカスし、考えを深めていきましょう。

ＰＤＣＡサイクルは、「トヨタ生産方式（ＴＰＳ、Toyota Production System）」の創始者である大野耐一氏が始めた問題解決プロセスをベースに、エドワード・デミング氏が体系化して整理したものと言われています。今では、ＰＤＣＡサイクルという言葉は経営の世界に閉じた用語というよりは、日常あらゆる場面で使われる言葉になってきています。

ＰＤＣＡは、ご承知のとおり、Plan－Do－Check－Actの４つのステップの頭文字をつなげたものです。

当然ながら、この４ステップをひととおり行ったら終わりというわけではなく、最後のActを次の

図表10-1 PDCA

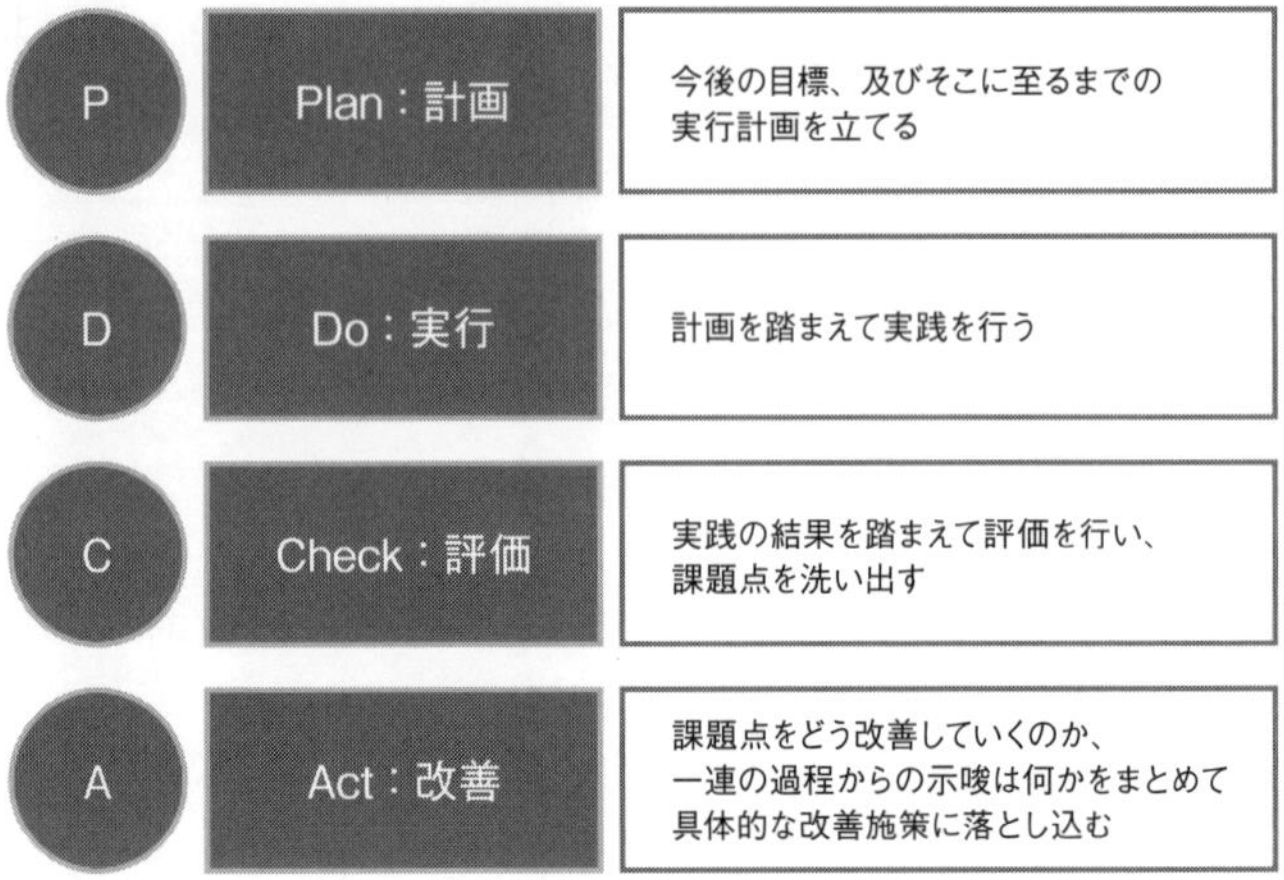

P	Plan：計画	今後の目標、及びそこに至るまでの実行計画を立てる
D	Do：実行	計画を踏まえて実践を行う
C	Check：評価	実践の結果を踏まえて評価を行い、課題点を洗い出す
A	Act：改善	課題点をどう改善していくのか、一連の過程からの示唆は何かをまとめて具体的な改善施策に落とし込む

Planにつなげ、1周ごとにサイクルを向上させて継続的に業務改善することが重要です。PDCAについて語られる示唆としては、以下のようなものが代表的です。

・実行（Do）に至る前に、しっかり目標（Plan）を具体的かつ明確にすること。
・実行（Do）の後は、評価（Check）によって振り返りを行うこと。
・改善（Act）を最後に行うことにより、改善を確実に行い、新たな計画（Plan）に確実につなげること

このあたりまでは、日々の活動からも皆さんよくおわかりのところでしょう。個人レベルにおけるPDCAの効果的な回し方については、多くの書籍でも語られていますので、本書では触れません。

本書でお伝えしたいのは、ＰＤＣＡを経営レベルに引き上げたときの考え方についてです。実際、経営レベルでＰＤＣＡが効果的に回せている事例はそれほど多くはありません。ここは実はあまり語られていないことでもあるので、深く考えてみましょう。

戦略立案のアプローチには、意図的戦略と創発的戦略の2種類がある

経営におけるＰＤＣＡを理解するためには、戦略のアプローチとして、「意図的戦略」と「創発的戦略」という2種類が存在することを理解しておく必要があります。

意図的戦略とは、事前にあらかじめ入念に分析を行い、それに基づき戦略を立て、そして戦略に基づいて実行を推進するというパターンです。通常、我々が学ぶ戦略のプロセスはこの「戦略立案→実行」という枠組みで説明されることが多いようです。

しかし、実際の戦略形成のプロセスは、そのような単純なものではないケースが多く存在します。「実行してみたものの想定外の結果が出て現場が混乱し、そのなかで現場から上がってきた次善策を打ったところその反応がよく、その反応を頼りにみんなで考えた打ち手を組み立てていったらいつのまにか結果が出ていた」ということは少なからずあるものです。

創発的戦略とは、このように予期しない課題や機会をきっかけに組織の内部から湧き上がってきた施策を、経営側が事後的に戦略として組み込んでいくことを指します。

環境変化度合いに応じて、あるべきPDCAのスタイルも変わる

さて、なぜこの2つのアプローチをご紹介したかというと、PDCAという概念も、どちらの考え方から見るかによってその意味合いが変わってくるからです。

意図的戦略で見れば、重要なのは言うまでもなく最初のP（計画）になります。Pを入念に検討し、それを確実にD（実行）に結びつけるかが最重要です。

しかし、創発的戦略の視点では、見方はだいぶ変わります。創発的戦略にとっては重要なのは、C（評価）やA（改善）です。つまり、実行した結果をどう判断し、どのように軌道修正していくか、そしてその次の計画にどうつなげていくかということこそが本質になるのです。

では、我々はどちらの見地に立つべきなのでしょうか？　それは、ビジネスが置かれている環境によって変わります。

端的に言えば、環境にどれくらい変化があるのかによって、アプローチは変わります。環境変化がほとんどなく先行きの見通しが十分に可能な業界であれば、意図的戦略でも機能するでしょう。逆に先行きの見通しが立ちにくく変化が激しい業界であれば、意図的戦略では身動きがとれず、かえって逆効果になりかねません。こうしたケースでは創発的戦略の考え方のほうがフィットします。

なお、この変化度合いを理解するためには、以前もご紹介したとおり、「5つの力」分析における

縦のライン、すなわち、「新規参入」と「代替品」の脅威がどれくらい現実的かを理解するのがいいでしょう。繰り返しになりますが、大きな業界の変化は、たとえば「海外からの新規参入」や「競合とは認識していない代替品の台頭」などによって引き起こされるケースが多いからです。

しかし、我々は、そうした環境変化をあまり意識せずＰＤＣＡを考えがちです。特に、戦略の分析手法などを勉強した人の多くは、最初のＰ、つまり戦略立案や計画の重要性を追い求める傾向にあります。

しかし、実際には企業を取り巻く環境の変化は激しく、計画自体、事前に綿密に立てられないケースが増えています。しかし、そのような場合でも計画のきめ細かさにこだわるあまり、行動に出遅れ、結果的に競合に対して後れをとるというケースが見受けられるのです。そういう場合は、本来は創発的戦略、つまり、ＰＤＣＡの後半のＣとＡに注力すべきなのです。

“ある程度検討したら、素早く始めて、さっさと失敗する”

計画重視型について実際によく見られるのが、予算策定や戦略策定に長時間、多くのメンバーがかかわるパターンです。予算策定までに下手をすると半年くらいの時間をかけ議論し、そして気づくとまたすぐに翌年度の予算策定に入っているというようなケースです。

このスケジュール感でＰＤＣＡを回そうとすると、当然、CheckやActはほとんど機能しません。

結果が出る前に計画を練らなくてはならないからです。

このパターンの怖いところは、計画者側が強い思い込みを持ち始めることです。「ここまで考えたのだからこういう結果でなくてはならない」「必ずこうなるはずだ」という過度な期待値が発生するのです。

こうなると、当然Checkの段階においても、出てきた結果を客観視することができなくなり、「自分が見たい情報だけを見る」ということや、「自分が解釈したい方向に解釈する」というような行為が誘発されます。

ちなみに、元DeNAの創業メンバーであり、現Quipper（2010年にロンドンで創業された モバイルラーニングのベンチャー）のCEOである渡辺雅之氏は、新規事業における戦略のアプローチについて以下のように話しています。

「うまくいくかどうかは事前にわからないことを肝に銘じ、企画を練り過ぎたり、テーブルの上で議論しすぎたりしないほうがいい。新サービスは当たり前だが『新しい』わけで、古い情報は参考にしかならない。ある程度検討したら素早く始めて、さっさと失敗し軌道修正に入るのが近道である。

検討のし過ぎは時間の無駄どころか、害になることもある。熟練した企画者の手にかかれば、たとえ正反対の結論でも、流麗なロジックである程度自由に描けてしまう。一つひとつの情報の正誤以上に、情報を組み合わせる順番や、情報のどの側面を強調するかによって完全に違う意味合いになる。

そして、企画者は企画の美しさに囚われ、自ら修正できなくなってしまう*」

＊http://www.dhbr.net/articles/-/1967「DeNAで山ほど失敗して学んだ新規事業企画のコツはないというコツ」より引用。

創発的戦略のPDCAは、「仮説」と「発見」を取り込んだもの

一方で、この創発的戦略を強調すると、「何も考えずにとりあえずやってみればいいのか」という「実行至上主義の無戦略」を推奨しているような誤解を招くことがあります。

もちろん、そんなことを言いたいのではありません。当然、事前に考えておくことは重要ですし、プランニングの重要性を否定はしません。強調したいのは、事前に考えておくことの内容やスタンスが多少異なるということです。もう少し具体的に言うと、以下のようなことです。

①集められる情報をベースに、戦略の大まかな方向性をつくる。ただし、不明な部分は「仮説」として明示しておく
②その戦略がうまくいった場合の結果としてできあがる目標数値を出す
③不明な「仮説」部分を検証するための複数の実行プランを出す
④リソース（資金・人員・時間）投資を行い、実行プランを遂行する。その実行に際しては、計画を完遂することを目的にするのではなく、不明な部分を理解するというスタンスを重視する

⑤実行の結果として「発見」されたことを吸い上げる
⑥その「発見」をもとに、現場で追加の試行錯誤を繰り返す
⑦試行錯誤の結果として学習したものを踏まえて、戦略に取り入れるかの評価を行う
⑧戦略の大まかな方向性を修正し、具体化する
（以降②へ続く）

つまり、「事前にすべてがわかっていることを前提にしたプランニング」、そして「そのプランニングを完遂するための実行」ではなく、「わからないことを明確に発見するための計画であり、実行」だということです。

そして、これはすでに皆さんお気づきの通り、第1章「3C分析」でご紹介した「3C分析は進化させるもの」と同じ考え方です。言い方を換えると、第1章で書いた「進化させる3C分析」は、このようなPDCAサイクルの定着が大前提となるのです。

そしてここで大事なのは、創発的戦略の考え方に基づけば、現場のミドルリーダーは戦略の実行者であると同時に、「戦略の構想者」としての役割が期待されるということです。つまり、創発的戦略においては、現場のミドルリーダーが実行の結果として何を発見し、どのような改善提案を上げていくのかということが、戦略を組み立てていくうえで極めて重要な意味を持つのです。

一方、意図的戦略では、ミドルリーダーは一介の戦略実行者という位置づけであり、事前に立てら

れた戦略を確実に実行すること以上のことは求められません。意図的なのか創発的なのか、どちらのアプローチを取るのかによって、ミドルリーダーの役割も大きく変わってくるのです。

必然的に、創発的戦略のスタンスを取らなくてはならない場合、ＰＤＣＡが確実に機能するためには、ミドルリーダーにどれだけ「優秀」な人材がいるかが重要なポイントになります。

ここで言う「優秀」の意味は、

・自社が創発的戦略を取っていることを理解し
・その戦略において何が不明な点（＝仮説）なのかを理解し
・実行の結果、何が新たな発見なのかを的確に把握し（不要な発見は切り捨て）
・経営陣にその発見を「戦略提言」という形で提案できる

という行動ができるということです。

はたしてこれだけのことができるミドルリーダーはどれだけいるでしょうか？　そして、それに向けたトレーニングをしっかりやっているでしょうか？

ちなみに、筆者がそのような創発的戦略を志向する企業のトレーニングを任された場合、意識的に行うことがあります。それは、単にケースメソッド（ある企業の意思決定場面を切り出した「ケース」を活用し、意思決定を迫るトレーニング）を行い、「こういう方向に行くべきだ」という表層的な提言だけで終わらせないことです。

「その提言の前提としては何を仮置きしているのか（何がいまだにわかっていないのか）」

「それを理解するために、具体的に誰が何をするべきなのか」

「もし思ったような情報が出なかった場合にはどういうオプションが考えられるのか」

といったことを仮定でもいいからしっかり考えてもらうことに意識を向けてもらうのです。

こうしたことがリアリティを持って具体的に考えられるほど、「創発的戦略」をベースにしたPDCAを回せる組織能力が高まります。このような意思決定の地道なトレーニングを何度も繰り返すことによって、ようやく創発的戦略のPDCAは実現できるのです。

解説　これからのミドルリーダーは、「走りながら考える」行動様式を身につけよう

では、浜村さんはどうすべきだったのでしょうか？　すでにお気づきでしょうが、浜村さんは典型的な「計画偏重型」のPDCAに縛られている状態です。

これは、比較的環境変化が穏やかな市場であればこそ、通用したものと思われます。事実、浜村さんが過去にいた国内地域営業はどちらかというと競争が緩やかで、「農耕的」に計画に基づいて実践

を重ねて収益を上げていくことが重要なポイントでした。不測の事態もあまり起きなかったため、計画通りの実践を重ね、そこで1年単位でじわじわたまったノウハウをもとに改善を重ねていくことが結果につながったのです。

しかし、まったく先行きの見通しが立たないインド市場ということであれば、話はまったく異なります。むしろこのスタンスは致命傷にもなりかねません。なぜならば、計画ありき、立案した戦略ありき、コミットした数字ありき、となってしまい、「市場の変化からまだわからない点を発見しよう」という発見的志向からは離れてしまい、結果的に変化に疎くなってしまうからです。

したがって、浜村さんとしては、本文に記載したような創発的戦略に基づくＰＤＣＡサイクルのスキルとメンタリティを新たに獲得しなくてはならないでしょう。

「考えてから走る」ことが行動原理として身についてしまった人が、「走りながら考える」ということに舵を切り替えるのは難しいものです。しかし裏を返せば、もし浜村さんが日本市場での成功体験を忘れて、新たな行動原理を確実に行うことができれば、この新興市場は日本では決して発見できない新しい示唆に満ち溢れているわけですから、大きなブレークスルーを生み出せるかもしれません。

今日の競争環境においては、すべての業界において構造的変化が起きる見込みがあるはずです。

昨今の勢いのある新しい産業では、スモールスタートを切って顧客評価からの学習を重ねながら徐々に完成モデルに近づけるという、まさに「走りながら考える」スタイルが定着しています。これからはどの業界に求められるＰＤＣＡサイクルなのかもしれません。

日本企業がこれからのグローバル競争において、変化スピードに追いついていけるかどうかは、全社レベルの大きな戦略の意思決定スピードよる部分ももちろんあるでしょう。しかしながら、それだけではなく、浜村さんのような現場ミドルリーダー層のPDCAの積み重ねの勝負でもあるのです。浜村さんのみならず、多くのミドルリーダーがその事実に気づき、環境変化を踏まえて行動原則を変えることができるのか。その点がこれから問われてくるはずです。

時代環境は確実に変わってきています。このスピードに乗り遅れないためにも、「ミドルリーダー自身がリスクを取り、走りながらPDCAを回していこう」ということを最後に申し上げておきたいと思います。

参考文献

伊藤邦雄『危機を超える経営』(日本経済新聞出版社、2011年)
辻野晃一郎『グーグルで必要なことは、みんなソニーが教えてくれた』(新潮社、2010年)
稲垣公夫『開発戦略は「意思決定」を遅らせろ!』(中経出版、2012年)

おわりに

私は、グロービス経営大学院にて「経営戦略」という科目を長らく教えているのですが、絶えずこだわり続けていることがあります。

それは、「現場で使える経営戦略論」ということです。

かつて私が担当していた経営戦略のクラスを受講した方に、受講してから1年くらい経った段階で「私のクラスで何を学んだのか」ということを聞いたことがあります。そのときの答えとして、「～というケースが非常に深く刺さった」とか「～のケースのさばきがよかった」といったようなことしか返ってこなかったことを深く覚えています。

つまり、学んだときの楽しかった記憶しか残らず、私が伝えたかった「戦略論そのもの」に関しては、残念ながらほとんど抜け落ちていたのです。

私はこのやり取りを通じて、自分自身のスタイルが、「教育」ではなく、「エンターテインメント」に偏っていたのではないかという強烈な気づきを得ました。

「教育」において大事なことは、その場が楽しかったかどうかではなく、「実務で生かせる学び」をどれくらい残せたかのはずです。

私は、そうしたことが実現できていなかったことを深く反省しました。

その反省を踏まえて、私が担当する経営戦略のクラスにおいては、クラスにおいてケースメソッドの学習をすることに加えて、一つちょっとした課題を出すこととしました。それは、「自分の現場で戦略を考えるうえで活用するための、『自分なりのオリジナルフレームワーク』をつくろう」ということです。

世の中には数多くの経営戦略のフレームワークが存在します。この書籍で紹介した「3C分析」「5つの力」「バリューチェーン」といった有名なものはもちろんのこと、それ以外にも多数のフレームワークがあります。しかし、多くの人にとっては、それらが相互の関係性が押さえられないままに、キーワード単位で頭のなかに入っています。したがって、いざというときに、キーワードは浮かんだとしても、「何をどう使ったらいいのかがわからない」という状態に陥ります。

そうならないためには、フレームワークの枠組みだけ覚えるのではなく、そのフレームワークはどういうときに使うのが適しているのか、注意点は何か、他のフレームワークとの類似点や関係性はどこにあるのか等を理解し、そのうえで頭のなかで再構成をする必要があります。

「オリジナルフレームワークをつくる」ということの狙いは、そうした過去のフレームワークなどを総ざらいして、個々に対する理解を深めることにあります。

「そんなことを自分の手でまとめなくても、すでにうまくまとめてある戦略本があるのではないか？」という質問もたまに受けます。

しかし、ここで、学習における一つの大原則を押さえておかなくてはなりません。

それは、「簡単に飲み込んだものは、簡単に抜け落ちる」ということです。人が整理したものは、結局後までは残りません。実務でのいざという場面においては、脳裏にまったくよぎらないのです。

一橋大学名誉教授の伊丹敬之先生は『経営戦略の論理　第４版』（日本経済新聞出版社、２０１２年）の冒頭において、こう語っています。

「戦略は論理だと考え、自分なりに納得のいく論理に基づいて判断することが重要なのである。論理が、情緒に流された判断にならないための最後のよすがになる。しかし、自分にとっての最後の判断のよすがとして本当に頼れるためには、その論理体系は自分なりに納得して手づくりでつくったものでなければならない。借り物ではダメである」

まさに、借り物ではダメであり、苦労しながら自分なりの形に仕上げなくてはなりません。しかし、そういう過程を通じてできあがったフレームワークは、苦労したがゆえに、後々まで残る自分の財産になるのです。

さて、この話を通じて、皆さんにお伝えしたいことは何か。

それは、この書籍をそのまま終わらせずに、「自分なりのフレームワークを考える一つのきっかけにしてほしい」ということです。

この書籍でも、先人たちが築き上げたフレームワークに対する理解を深めていただけるよう、最大限尽力したつもりです。しかし、これらが皆さんの実務で最終的に使えるかどうかは、伊丹先生の言葉を借りるならば、最終的に「自分なりに納得して手づくりでつくるか」にかかっています。

したがって、このまま読み終えて本書を閉じるのではなく、一度でいいので、戦略論を自分の頭のなかで再構成してみてください。スムーズにはいかないかもしれませんが、「実践で使う」ということを考えた際、そこで得られるものは大きいはずです。

そういう意味で、この書籍が、現場で苦悩する皆さんにとって、改めて自分なりの戦略論を考える何らかのきっかけになることを願っています。

最後になりますが、本書の出版にあたっては、いろいろな方にお世話になりました。

まず、この書籍に関して多くの実践的な示唆をいただいたグロービスの受講生や卒業生の皆様に感謝をします。

グロービスの出版局長兼編集長の嶋田毅さん、グロービスのオンラインマガジンGLOBIS.JP編集長の加藤小也香さん、およびスクール部門リーダーである田久保善彦さん、また同僚の若杉忠弘さんには、GLOBIS.JPや東洋経済ONLINEにおけるコラム連載から通じて、1年半にもわたる間、多くのサポートをいただきました。グロービス経営大学院の卒業生である井手伸一郎さん、戸津涼さん、藤井久仁子さんには、対談企画を通じてさまざまな現場のリアリティを教えていただきました。私がリーダーを務めるファカルティ・コンテンツチームのメンバーたちからは、ライン業務の隙間を縫って執筆する私に対して、陰ながら多くの支援をいただきました。

また、ダイヤモンド社書籍編集局第一編集部の木山政行副編集長には、この書籍の企画を実現いただくとともに、多くのアドバイスをいただいたことに感謝しております。

そして、妻、および2人の息子たちに対しては、多くの週末をつぶして仕事に向かう私に対して最大限の支援をしていただきました。ありがとう。

ここに書ききれない多くの皆様も含めまして、改めてこの場をお借りして感謝をしたいと思います。

この書籍を手に取った1人でも多くの皆さんが、現状を打破し、自分が所属する企業や組織が生き生きとする戦略を描けるよう心から願っております。

グロービス経営大学院　教授　荒木博行

2013年9月

[著者]
グローバス経営大学院

社会に創造と変革をもたらすビジネスリーダーを育成するとともに、グロービスの各活動を通じて蓄積した知見に基づいた、実践的な経営ノウハウの研究・開発・発信を行なっている。
グロービスには以下の事業がある。(http://www.globis.co.jp/)
●グロービス経営大学院（経営大学院／東京・大阪・名古屋・仙台・福岡）
●グロービス・コーポレート・エデュケーション（法人向け人材育成事業／日本・中国・シンガポール）
●グロービス・キャピタル・パートナーズ（ベンチャーキャピタル事業）
●グロービス出版（出版事業）
●オンライン経営情報誌「GLOBIS.JP」（経営情報サイト運営事業）
●コンファレンス運営

[執筆]
荒木博行（あらき・ひろゆき）

グロービス経営大学院 教授、株式会社グロービス ディレクター。慶応義塾大学法学部卒業、スイスIMD BOTコース修了。住友商事株式会社を経て、グロービスに加わり、法人向けコンサルティング業務に従事。現在は、グロービス経営大学院及びグロービス・マネジメント・スクールにて企画・運営業務・研究等を行なう傍ら、グロービス経営大学院及び企業研修における戦略系、および思考系科目の教鞭を執る。

[企画構成]
嶋田毅（しまだ・つよし）

[企画協力]
加藤小也香（かとう・さやか）

ストーリーで学ぶ戦略思考入門
——仕事にすぐ活かせる10のフレームワーク

2013年9月20日　第1刷発行
2017年7月24日　第8刷発行

著　者——グロービス経営大学院
執　筆——荒木博行
発行所——ダイヤモンド社
〒150-8409　東京都渋谷区神宮前6-12-17
http://www.diamond.co.jp/
電話／03·5778·7232（編集）　03·5778·7240（販売）

装丁・本文デザイン —dig
イラストレーション —髙旗将雄
製作進行——ダイヤモンド・グラフィック社
DTP ———インタラクティブ
印刷————堀内印刷所（本文）、共栄メディア（カバー）
製本————宮本製本所
編集担当——木山政行

©2013 Educational Corporation of Globis University
ISBN 978-4-478-02526-0
落丁・乱丁本はお手数ですが小社営業局宛にお送りください。送料小社負担にてお取替えいたします。但し、古書店で購入されたものについてはお取替えできません。
無断転載・複製を禁ず
Printed in Japan